奥　武則

明治六大巡幸

――「報道される天皇」の誕生

中公選書

はじめに

明治六大巡幸

日本の近代は「報道される天皇」が誕生した時代である。

実在が疑われる神話世界の登場人物を別にしても、「天皇」は日本に連綿と存在し続けている。むろん、古代の「大王《おおきみ》」から今日の「象徴天皇」に至るまで、その存在のあり方は時代によって大きく異なる。「報道される天皇」の誕生こそは、日本の近代をそれ以前と画するものなのである。「報道される天皇」は近代に至って、なぜ生まれたのか、その具体的な過程はどのようなものだったのか、そして、それは近代日本にとってどのような意味を持つことになったのか。本書は、こうした点を明らかにすべく書かれる。

「報道される天皇」の前提には、「旅する天皇」の出現があった。明治天皇*は生涯にわたって全国各地を行幸した。行幸は天皇が御所を出て、どこかを訪問することである。つまり、「天皇のお出かけ」と言っていい。訪問先が二カ所以上の場合、行幸は巡幸と呼ばれた。行幸は多くの場合、「日帰り」である。これに対して巡幸は「天皇の旅」と言える。ここで、天皇その人は、「旅する天皇」となる。

＊「明治天皇」という呼称は、死去後の諡号《しごう》。誕生時は祐宮《さちのみや》、親王宣下後は睦仁《むつひと》。本書では「明治天皇」で統一する（多くの場合、「天皇」と略す）。

『明治天皇行幸年表』によると、目的地が東京市内の政府機関などの場合を除いて、「行幸」として特記されているものは、百七回に及ぶ。大坂＊行幸と二度にわたる東京行幸以外は、横浜、横須賀など近県のものが圧倒的に多い。この中で明治五年（一八七二）から明治一八年（一八八五）にかけて六回にわたって全国各地を回った大規模な巡幸は、期間が長く、訪問地も多かった。内容的にもその他の巡幸と大きく異なる。これらはまとめて明治六大巡幸と呼ばれる。

＊明治四年（一八七一）に「大阪」に改められるまで、「大坂」の表記が使われていた。

旅する天皇

近代以前の天皇は、その住まいである御所を出ることはまれだった。むろん、神話世界の説話を別にしても、上皇・法皇はたびたび「熊野詣」をした。京都から熊野へは片道三百キロ以上もある。往復に一ヵ月以上かかったという。だが、上皇・法皇は退位した天皇であり、「熊野詣」は熊野信仰が理由だったから、明治天皇の行幸とは質的に異なる。

江戸期には、寛永三年（一六二六）、後水尾天皇が徳川秀忠・家光に会うために二条城に行幸した後、天皇は長く京都の御所を出ることがなかった。新しい時代の渦の中、明治天皇の父親である孝明天皇が文久三年（一八六三）、将軍徳川家茂が上洛した際、攘夷祈願のために三月一一日、賀茂社（上社・下社）に、四月一一日には石清水八幡宮に行幸した。実に二百三十七年ぶりのことだった。とはいえ、行幸先の賀茂社（現在の上賀茂神社と下鴨神社）はともに現在の京都市内、石清水八幡宮は京都市の南に隣接した現在の八幡市にある。「旅」というほどの距離ではない。

明治天皇は六大巡幸に先立つ時期、慶応四年（一八六八）三月、大坂に行幸した。さらに明治に改元された後、九月と翌明治二年（一八六九）三月、東京に行幸した。このうち二度目の東京行幸は事実上、東京遷都となった。

　そして、六大巡幸である。表1に示したように、明治五年（一八七二）に始まり、地域は北海道から鹿児島まで、明治一八年（一八八五）の山陽方面の巡幸が半月ほどだった以外、期間は二カ月前後に及ぶ。現代のように鉄道網も高速道路網もない時代、天皇は船舶を使った場合以外は、鳳輦《ほうれん》（屋形の上に金銅の鳳凰を飾りつけた輿。天皇専用の乗物）や板輿《いたごし》に乗り、時に馬上の人となり、徒歩で山道を行くこともあった。それはまさに「旅」だった。その意味で、明治天皇は日本史上、最初の「旅する天皇」だったのである。

　しかし、「旅する天皇」が、そのまま「報道される天皇」になったわけではない。「報道される天皇」の誕生には、「報

表1　六大巡幸の概要（府県名には旧名を含む）

明治5年（1872）	5月23日～7月12日	度会、大阪、京都、山口、長崎、白川、鹿児島、香川、兵庫
明治9年（1876）	6月2日～7月21日	埼玉、栃木、福島、磐前、宮城、岩手、青森、北海道（函館）
明治11年（1878）	8月30日～11月9日	埼玉、群馬、長野、新潟、石川、滋賀、京都、岐阜、愛知、静岡、神奈川
明治13年（1880）	6月16日～7月23日	山梨、長野、愛知、三重、京都、兵庫
明治14年（1881）	7月30日～10月11日	埼玉、栃木、福島、宮城、岩手、青森、秋田、山形、北海道
明治18年（1885）	7月26日～8月12日	山口、広島、岡山

道する側」の出現が不可欠である。近代日本の入り口において新しいメディアとして生まれた新聞が、それだった。

新聞創成期

明治天皇の六大巡幸が始まり、「旅する天皇」が誕生した時期、本格的メディアとしての新聞が次々に創刊された。

幕末、開国とともに開港地である長崎、横浜に外国人向けの英字新聞（居留地新聞）が創刊された。間もなく日本語の新聞も登場する。当初は、居留地新聞や外国からもたらされた西欧の新聞を適宜抄訳して掲載するものだったが、やがて独自の情報も掲載する新聞も登場する。しかし、この時期の日本語新聞は、半紙を二つないしは四つに折った冊子体のもので、多くは筆写というかたちで刊行された。当然、読者は限られていたし、定期的に刊行されたわけでもない。むろん、そこにも情報を広く一般に知らせるという近代のジャーナリズム的要素の萌芽はみられるものの、現代の新聞に直接つながるものとは言えない。

明治三年一二月八日（一八七一年一月二八日）、『横浜毎日新聞』が創刊される。現在の新聞とほぼ同じ大きさの用紙で、創刊間もなく日刊となり、鉛活字が使われるようになった。日本における近代的新聞は『横浜毎日新聞』によって始まるとされる。そして、この後の状況は創刊ラッシュと言っていい。明治四年五月に『新聞雑誌』、明治五年二月に『東京日日新聞』、三月に『日新真事誌』、六月に『郵便報知新聞』、一一月に『公文《こうぶん》通誌』と続く。明治五年はまさに「旅する天皇」が六大巡幸の最初の巡幸を行った年である。

この後もラッシュは続く。明治七年(一八七四)九月に『朝野《ちょうや》新聞』(『公文通誌』の改題)、同年一一月に『読売新聞』、翌八年一月に『あけぼの』(『新聞雑誌』の改題)、同年一一月に『仮名読新聞』などが創刊する。大坂や京都をはじめ、東京、横浜以外の地域でも新聞の創刊がみられた。

想像の共同体

天皇や天皇制に関しては、膨大な先行研究がある。明治六大巡幸に限っても、多くの著書・論文が書かれている(以下に挙げる著者のものを含めて、巻末の「参考文献一覧」を参照)。羽賀祥二によれば、方法論的に次の三つに分けられるという。

①近代日本における天皇制イデオロギー論からの研究(色川大吉、田中彰、遠山茂樹)
②天皇に関する民俗信仰を通じて天皇制の宗教的な特質を解明する研究(宮田登)
③「見る―見られる」という天皇と民衆の視覚的な相互関係性に視点をおく研究(佐々木克、多木浩二、T・フジタニ、原武史)

そのうえで、羽賀は、「現在の研究の力点はイデオロギー論と視覚的支配論へと移っており、そこに近代天皇制の研究の視点と関心の大きな変化が見られる」と指摘している(「天皇と巡幸」『岩波講座　天皇と王権を考える　第10巻　王を巡る視線』)。

羽賀が③に挙げた研究者の間にも大きな見解の違いがある。日本政治思想史研究者の原武史は、著書『可視化された帝国――近代日本の行幸啓〔増補版〕』で、自身と並列されているT・フジタニを日本近代史研究者の牧原憲夫とともに強く批判している。

原の研究は著書の副題にあるように、明治六大巡幸だけでなく、近代日本における行幸と行啓（「行啓」は、皇太子・皇后・皇太后に使われる）全体を見通したもので、フジタニと牧原への批判は、「序論」で展開されている。「序論」の冒頭の節のタイトルは、「「想像の共同体」論への疑問」である。「想像の共同体」論とは、政治学者のベネディクト・アンダーソンのナショナリズム論を指す（『増補 想像の共同体――ナショナリズムの起源と流行』）。

今やナショナリズム論の古典とも言うべきこの著書で、アンダーソンは「国民とはイメージとして心に描かれた想像の政治共同体である」と規定した。直接会うこともない人々が同じ「国民」として想像できることによって、初めて国民国家が成立する。国民国家の形成は近代の成立を画すものである。

むろん、国民国家のかたちは一つではない。フランス革命と明治維新の比較から出発し、近代日本について論究した西川長夫は、「モジュールとしての国民国家」という表現を使っている（「日本型国民国家の形成――比較史の視点から」『幕末・明治期の国民国家形成と文化変容』）。「想像の共同体としての国民」による国家形成という点で共通しても、同じ国民国家が普遍的にみられるわけではなく、モジュール（規格品として交換可能な構成要素）の組み合わせによって、それぞれの国民国家が立ち上がるというわけである。

日本においても幕末から明治前期に日本型国民国家が立ち現れた。前記論文で西川はそうした言い方はしていないが、「日本型」の「日本型」たる最大の特徴は、国民国家が天皇制国家として立ち現れたことにある。私は、そこに至る過程で明治前期に集中的に行われた六大巡幸が「想像の共同体としての国民」の誕生に大きな役割を果たしたと考える。

視覚的支配

フジタニは、アンダーソンの所説に示唆を受けつつも、明治天皇の六大巡幸が国民的統合に果たした役割については否定的である。「天皇が各地を巡幸していた時期、全国の人々が一巡幸のある瞬間に同時に参加していると感じていたとは考えにくい。……天皇の巡幸はやはり国民的結合の焦点とはなりにくかった。近代国民国家にとっては、時代遅れの儀礼様式だった」という。そして「時代遅れの儀礼様式」に代わって、明治後期には、明治憲法発布、戦勝記念式、皇族の葬儀や結婚式、銀婚式などのページェントが国民的統合に大きな役割を果たしたとする。

原は、こうしたフジタニの見解に反論している。フジタニは、明治後期になっても天皇の地方巡幸が続いている事実を誤認しており、重要なのは、ページェントなどを通じた抽象的な想像ではなく、「あくまで個別の天皇や皇太子の身体を媒介とする、視覚的で具体的なものである」として、これを〈視覚的支配〉と呼んだ。原によれば、〈視覚的支配〉は、明治期になって突然出てきたものではない。それは、「徳川体制という、東アジアでも特異な体制が二百年以上も続いた「遺産」を半ば継承したものであった。……近世、近代日本に通底する支配様式であったというべきであり、それが近代になってどのように継承されながら変容していくかについても、注意深く探る必要があろう」というのである。

ここで「徳川体制の「遺産」」とは、具体的には大名が江戸と領地とを往復する参勤交代の大名行列や、多くの大名を従えた将軍による日光東照宮への参詣を指している。たしかにこうした行列に際しては沿道でさまざまな規制が行われ、そこには整然とした秩序が生まれた。人々は行列に向かって土下座することも強いられた。支配者の威光を見せつける、こうした統治技術はたしかに〈視覚的支配〉と呼ぶこともできるだろう。

なぜ、六大巡幸なのか

しかし、同じ〈視覚的支配〉と言っても、徳川幕藩体制の時代と明治以降の天皇の巡幸とは性格がまったく違う。天皇は明治になって新たに国の統治者として登場した。「王政復古」という言葉が使われたものの、「復古」は一つの擬制（フィクション）だったことは言うまでもない。明治前期に集中的に行われた六大巡幸は、新たな統治者としての天皇の存在を広く人々に知らしめる一大プロジェクトだった。

原が指摘しているように、明治天皇の地方巡幸は六大巡幸以降行われなくなったわけではない。原は、近代日本の行幸啓の研究は明治初期に偏っているとも指摘している（原、前掲書「あとがき」）。だが、六大巡幸は、日本型国民国家（天皇制国家）として立ち現れる明治国家の始原にかかわる。それ以降の巡幸とは質的に大きく異なる。先行研究が六大巡幸に関心を集中してきたのは、そのためである。決して「偏っている」わけではないだろう。

本書が明治六大巡幸を取り上げるのは、先行研究と同様の関心からである。

見える天皇

先行研究の中で、多木浩二『天皇の肖像』は、明治期以前の天皇と明治期の天皇の違いに新しい光を当てるものだった。同書の第一章は「見えない天皇から見える天皇へ」と題されている。江戸期までの天皇は「見えない天皇」だったのに対して、明治以降は「見える天皇」になったというのである。

江戸期の天皇が「見えない天皇」であったことについては、佐々木克がまことに分かりやすく説明してくれている（『幕末の天皇・明治の天皇』）。江戸時代の京都御所は現在の京都御所とほぼ同じ場所、同じ広さだった。敷地は南北約千二百七十メートル、東西約七百メートル。この敷地内のやや西北寄りに天皇が居住していた禁裏御所があった。これも現在の御所とほぼ同じ規模だった。南北約四百五十メートル、東西約二百四十メートルの長方形で、「成人が普通に歩いて約三十分で一周できる広さ」という。御所を囲むかたちで親王や公家の家があり、全体として御所の空間を構成していた。外部との間には、幕末の政変でよく知られた蛤《はまぐり》御門などがあった。

この時期の天皇がどれほど御所の外に出たかについて公式な記録はない。佐々木は「ほとんどなかったのではないか」と推測し、「近世の天子は、わずか三十分で一周できるような、現在の私達から考えて、信じがたいほどの狭い空間だけで生活してきた歴史を持っていた」と記している。当然、ごく一部の上層公家以外、天皇の姿を見ることはなかった。天皇は常に御簾《みす》の向こうにいたから、上層公家にとっても実は「見えない天皇」だった。一般の人々にとっては、さらに「見えない」存在だったことは言うまでもない。

先にふれた幕末における孝明天皇の賀茂社・石清水八幡宮への行幸は、「見えない天皇」から「見える天皇」への転換の小さな一歩だった。そして、慶応四年（一八六八）三月から四月にかけての明治天皇の大坂行幸、さらに同年九月から明治への改元をはさんだ一二月の間、二回にわたって東海道を往復した東京行幸において、「見えない天皇」は「見える天皇」へと変貌した。「見える天皇」は、本書の文脈で言えば、「旅する天皇」である。

メディア（新聞）の役割

しかし、繰り返して言えば、「旅する天皇」がそのまま「報道される天皇」になったわけではない。そこには、「報道する側」の存在が不可欠である。

アンダーソンは「想像の共同体としての国民」の誕生の鍵は、「まったく新しい同時性の観念」が人々に生まれることだったと指摘している。住んだことも行ったこともない場所で起きている、会ったことのない人々にかかわるモノゴトを同じ時間軸で感じる。こうして「想像の共同体としての国民」が生まれる。この同時性の観念をもたらすことに大きな役割を果たしたのは商品としての出版物の発展だった。アンダーソンは、資本主義と出版が結びついたものとして出版資本主義という言葉を使っている。具体的には小説と新聞である。

先に述べたように、「旅する天皇」と「新聞」は同時代に生まれた。本書は、この同時代性に着目する。「旅する天皇」は、やがて「新聞」にとって「ニュース」となる。ここに「報道される天皇」が誕生する。「想像の共同体」における〈想像〉は、メディア（新聞）の媒介によって生まれる。「報道される天皇」の誕生をめぐる本書は、「報道される天皇」と「報道する側」（新聞）のかかわりを重層的な視点で描く。

一木一草に天皇制がある

天皇や天皇制について考えるとき、私は、竹内好が残した「一木一草に天皇制がある」というフレーズをいつも思い出す（「権力と芸術」『講座 現代芸術』第五巻「権力と芸術」）。竹内は、「われわれの皮膚感覚に天皇制がある」と続けている。

竹内の天皇制についての考察を、このフレーズだけを取り出して語ることはできない。だが、私は中国文学者にして近代日本の文学や思想、あるいは社会評論の分野にも多くの著述を残した竹内の文学的直感は、天皇制なるものを単に政治機構として捉えてみても、とうていその総体をつかみきれないことを鋭くついているように思える。

明治二二年（一八八九）に公布された大日本帝国憲法において、天皇は「神聖にして侵すべからざる」「統治権の総攬《そうらん》者」だった。明治・大正・昭和と代を重ね、昭和二一年（一九四六）に公布された日本国憲法においては「象徴天皇」となった。天皇の存在のあり方は大きく変貌した。だが、その後、平成から令和の今日に至るまで、「報道される天皇」という意味では、その存在のあり方は変わっていない。

六大巡幸において、「報道される天皇」を誕生させた創成期の新聞は、「見える天皇」「旅する天皇」を人々に伝えるメディアだった。六大巡幸の後、天皇をめぐるメディア状況は、今日に至るまで大きく変貌した。グラフ雑誌や週刊誌、さらには単行本の世界でも、天皇とその周辺の出来事はさまざまに伝えられるようになった。戦後はテレビの登場と週刊誌メディアの隆盛があった。今やインターネットの普及が本書の対象時期とはまったく異次元の世界に「報道される天皇」を引きずり込んでいる。

メディアがもたらした天皇制そのものの変貌については、政治学者の松下圭一による「大衆天皇制」論が著名である。松下は、戦後の天皇制は戦前の絶対主義的天皇制と質的に違うと論じ、それをマスメディアのコマーシャリズムによって維持・再生産される大衆天皇制と名付けた（松下圭一「大衆天皇制論」）。

メディアと天皇制ということでは、社会学者の吉見俊哉が、戦後の占領期から高度成長期に至る天皇制を論じるに際して、「近代天皇制とは、そもそもメディア天皇制だったのではないか」と問題提起している（吉見俊哉「メディアとしての天皇制」）。松下の「大衆天皇制」論をさらに広い視点で捉えなおしたものと言えるだろう。

天皇制国家としての日本型国民国家が形をなしつつあった時期における「報道される天皇」誕生に光を当てる本書は、近代日本を貫く「天皇のメディア史」、あるいは「メディアの天皇史」の初発の時期が対象である。その射程は、現代のメディア天皇制の総体に届くものではない。ただ、竹内の言う「一木一草」の意味を何ほどか明らかにすることはできるだろう。それは、現在から未来に向けて、この国のかたちを考えるためのよすがにもなるはずである。

目次

凡例

1　引用に際しては、旧漢字、別体の漢字は新字体にし、変体仮名は通常の表記に改めた。引用文中の［……］は引用者による省略を示す。適宜句読点、濁点を補った。

2　引用文中のルビは特に断らない限り、引用者による。原文のルビを省略した際は注記した。

3　本文中の年、月、日の表記は、次の原則に従った。

•和暦を優先し、カッコ内に西暦を付記したが、同一項目内では適宜西暦を省略した。

•年、月、日のみ「一八六八年一〇月三〇日」のように、和数字位取り表記にした。

4　参考文献については、本文中では簡略な表記にした。発行年、発行所などの書誌情報は巻末の「参考文献一覧」に記した。

5　敬称は、参考文献の著者を含めてすべて省略した。

明治六大巡幸——「報道される天皇」の誕生

第一章　「報道される天皇」の誕生前史

「幼冲の天子」からの出発

孝明天皇は慶応二年(一八六六)一二月二五日、天然痘により急死した。これに伴い、二七日、明治天皇が即位する(践祚《せんそ》の儀は翌年一月九日)。嘉永五年(一八五二)九月二二日生まれの明治天皇は当時十四歳だった。幕末の激動する政局の中に放り込まれることになった少年天皇をめぐる興味深いエピソードは少なくないが、ここではそれらにはふれない(明治天皇の生涯を描いた著作は少なくないが、浩瀚にして信頼できるものとしては、伊藤之雄『明治天皇』がある)。ただ、「旅する天皇」となる以前の明治天皇が、当時の政治の世界の中でどのような存在だったのかを雄弁に語る次の挿話だけ記しておきたい。

徳川十五代将軍慶喜は慶応三年(一八六七)一〇月一四日、将軍職を天皇に返上する大政奉還を朝廷に上奏した。この行動には政治権力を手放す意図はなく、軍事力と経済力を背景に主導権を維持しようとする慶喜の戦略だったことはよく知られていよう。一方、薩摩や復権した公家の岩倉具視《とも み》らは慶喜を新しい政権から排除し、倒幕をめざして活動する。

一二月九日、御所内の小御所で天皇が出御して御前会議(小御所会議)が開かれた。倒幕クーデタを阻止すべく、土佐の前藩主山内豊信《とよしげ》(容堂)が会議の冒頭に放った次の言葉がよく知られている(『明治天皇紀』第一)。

「幼冲《ようちゅう》の天子を擁し奉り、陰険の挙を行はんとし、全く慶喜の功を没せんとするは何ぞや」

慶喜への寛大な措置を主張する山内が倒幕派に対して放った強烈な一撃だった。「幼」も「冲」

も、「おさない」を意味する。つまり、山内は幼い天皇を利用してクーデタを画策していると倒幕派を糾弾したのである。「幼い天皇」はむろん明治天皇を指す。これに対して、岩倉は「不世出の英材を以《もっ》て維新の改革を行っている」天皇を「幼冲」とは何たる不敬か、と山内を一喝した。自らの失言に気付いた山内はあわてて謝罪した。

以上、ドラマなどで小御所会議が描かれるとき必ず登場するハイライトである。伊藤之雄によれば、この名場面、山内の糾弾の言葉は事実だが、後段の岩倉の反論以下は、この出来事の四十年後に書かれた『岩倉公実記』の脚色だという（伊藤之雄、前掲書）。

小御所会議とその前後を含めて、幕末の政局については多くの研究書・論文があり、屋上屋を重ねることはしない。だが、小御所会議が大きなターニングポイントだったことは間違いない。そこで、天皇は何をしていたのか。それを語る史料はない。天皇は十五歳になっていたから「幼冲の天子」は言い過ぎだっただろう。だが、御簾《みす》の向こうにいて、議論の成行きをただ聞いていただけだったに違いない。その天皇を「幼冲の天子」と呼んだ山内は、まことに正直だったのだ。まもなく歩き出す明治新政府は、この「幼冲の天子」を名実ともに自らの正当性を裏付ける存在にしていくことが課せられたのである。

殿上眉・お歯黒の天皇

慶応四年（一八六八）三月三日、イギリス公使ハリー・パークスが明治天皇に謁見《えっけん》した。これに先立つ二月三〇日、フランス公使レオン・ロッシュ、オランダ代理公使フォン・ポルスブルックが天皇に謁見した。パークスも二人の後、天皇に謁見する予定で、宿舎の知恩院を出発していたが、御所に向かう途中、攘夷派の刺客二人に襲われる事件が起きた。パークスは難を逃れたものの予定の謁見は延期となった。三月三日のパークスの参内はその仕切り直しだったのである。

この年一月三日、鳥羽伏見の戦いによって戊辰《ぼしん》戦争が始まった。直前の二月一五日には和泉・堺で土佐藩兵がフランス兵と争い、フランス側に十一人の死者が出た堺事件が起きたばかりだった。徳川慶喜はすでに恭順の意を示して江戸城を退出し、上野寛永寺で謹慎していた。フランス公使ロッシュが慶喜に再起を求めるといったプロセスはあったものの、結局イギリス以下諸外国の外交陣は局外中立を宣言した。局外中立を宣言するということは、日本が内乱状態にあるとみていたことを意味する。つまり、この時期の外国公使陣に対する明治天皇の謁見は、天皇を公使たちにお披露目して、新政府の正当性をアピールする狙いがあったと言えるだろう。

この謁見のそうした歴史的意味はともかく、本書が注目するのは、このお披露目に登場した天皇の姿かたちである。

パークスとともに天皇に謁見した書記官アルジャーノン・バートラム・ミットフォードが、このときの明治天皇の姿かたちについて、次のような具体的な証言を残している（『英国外交官の見た幕末維新――リーズデイル卿回想録』）。

我々が部屋に入ると、天子は立ち上がって、我々の敬礼に対して礼を返された。彼は当時、輝く目と明るい顔色をした背の高い若者であった。彼の動作には非常に威厳があり、世界中のどの王国よりも何世紀も古い王家の世継ぎにふさわしいものであった。彼は白い上衣を着て、詰め物をした長い袴は真紅で婦人の宮廷服の裳裾《もすそ》のように裾を引いていた。被《かぶ》りものは廷臣と同じ烏帽子だったが、その上に、黒い紗《しゃ》で作った細長く平らな固い羽根飾りをつけるのがきまりだった。私は、それを他に適当な言葉がないので羽根飾りと言ったが、実際には羽根のような物ではなかった。眉は剃《そ》られて額の上により高く描かれていた。頬には紅をさし、唇は赤と金に塗られ、歯はお歯黒で染められていた。

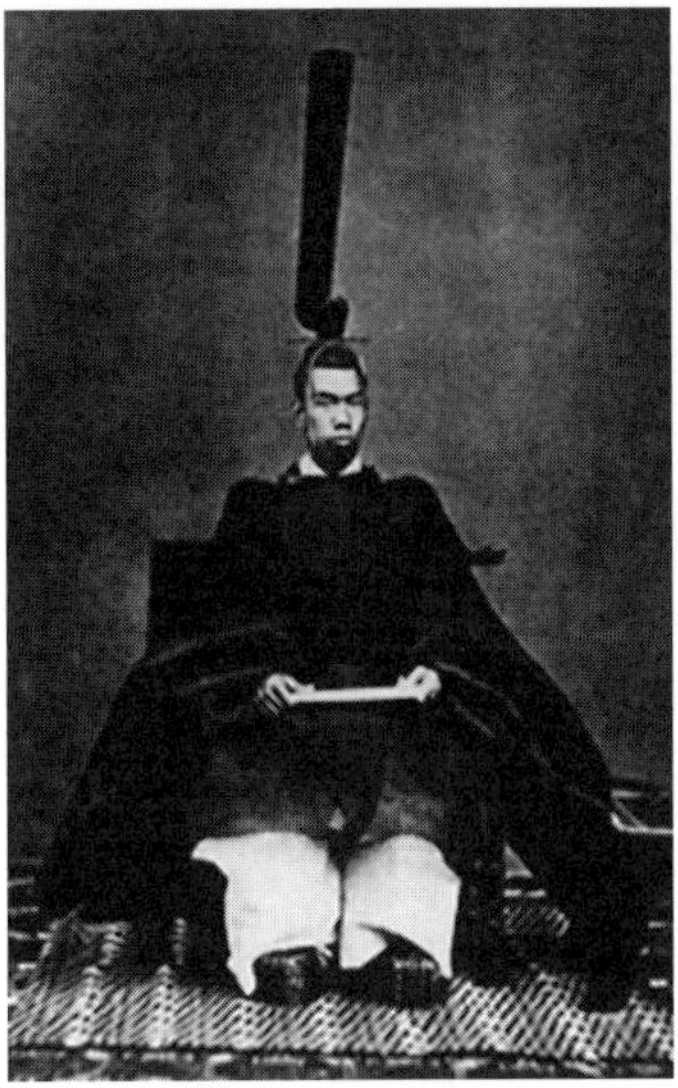
写真1　伝統的和装の明治天皇

ミットフォードは天皇の動作について「世界中のどの王国よりも何世紀も古い王家の世継ぎにふさわしい」と天皇を賞賛しているが、これはいくぶん外交官としての社交辞令かもしれない。興味深いのは、天皇の服装や顔について記した部分である。写真1は、明治五年（一八七二）九月三日、写真師の内田九一が撮影した明治天皇の写真である。

ミットフォードが謁見したのは、この写真が撮られる四年半ほど前だが、天皇の服装は写真同様、伝統的な和装だった。写真でもミットフォードは表現に困った「黒い紗で作った細長く平らな固い羽根飾り」が烏帽子の上についている。ただ、その他は、白い上衣に真紅の長袴で裾を引いていたというミットフォードの記載と少し異なる。彼が謁見した際の天皇の衣装は平安時代以降、天皇が日常的に着用した引直衣《ひきのうし》と呼ばれるものである。ミットフォードには上衣の白と袴の真紅のコントラストが印象的だったに違いない。

天皇は間もなく公式的な場ではこうした伝統的な服装をやめて洋装になる。後に述べる明治五年(一八七二)五月にスタートした九州・西国巡幸ではすでに軍服姿だった。この写真は、公的な天皇の服装については、いわば過渡期のものと言えるだろう。

さらに注目すべきは、天皇の顔の描写である。眉を剃り、額の上部に黛で眉を描いていたという。これはいわゆる殿上眉《てんじょうまゆ》である。平安中期ころから上級貴族がこれを施すようになった。殿上眉の殿上は上級貴族を指す殿上人に由来するのだろう。殿上眉は化粧・お歯黒とセットであり、ミットフォードが謁見したときの明治天皇は正しく、いまだなお平安貴族以来の姿かたちをしていたのである。

姿かたちだけではない。この時期の天皇の生活は、その姿かたち同様に旧態依然たるものだった。御所の、そのまた奥深く後宮にあって多くの女官に囲まれ、政治の世界と無縁に過ごしてきたミカドを近代的な君主に変えていかなければならない。新政府の首脳は、すでに旧習にどっぷりと染まっている公家集団の影響力を排除するためにも、天皇を京都という空間から切り離す必要があることを認識していた。

大久保利通の大坂遷都建白書

フランス公使、オランダ代理公使、イギリス公使が明治天皇に謁見した慶応四年（一八六八）二月末から三月に先立つ一月二三日、大久保利通による大坂遷都建白書が朝議に付された。大坂遷都の構想自体は戊辰戦争勃発時からさまざまなかたちで語られていたようだ。大久保との直接の関連では、薩摩藩士の伊地知正治が慶応三年（一八六七）一一月、大久保に大坂への遷都を建言する書簡を出している。そこで、伊地知は、「今之京都ハ土地偏少人気狭隘、堂々たる皇国ノ都地ニ非ず」とし、因循《いんじゅん》を脱して人心を一新するためには「浪華」に都を移すべきだと主張していた（『大久保利通関係文書』第一）。

大久保はこの伊地知の所論に深く同意しつつ、大坂遷都の建白をする時期を待っていたのだろう。内容的にも伊地知の遷都論と大久保の建白書は重なる部分が多い。だが、本書の視点からすると、両者の違いこそが重要である。一言で言えば、大久保は何よりも天皇のあり方の根本的な転換の必要性を主張したのである。「見えない天皇」から「見える天皇」へと変わらなくてはならない。大久保は、このことを明確に認識していた指導者だった。近代日本の画期としての「報道される天皇」誕生の入り口には、まずは支配層における天皇観の転換があったのである。少していねいに建白書を見ていこう（『天皇と華族　日本近代思想大系2』所収、原文は、『大久保利通文書』二。原文を引いた際にはカタカナはひらがな

写真2　大久保利通

にした）。

建白書は冒頭で「今日之如《ごと》き大変態、開闢《かいびゃく》以来未曽《いまだかつてきか》聞ざる所なり」と述べる。時代の変化への大久保の危機意識は明確である。さらに、鳥羽伏見の戦いで官軍（新政府軍）が勝利したものの、「列藩離叛し方向定らず……復古之鴻業《こうぎょういまだ》未其半《なかば》に至らず」との現状認識を示す。続いて、「数百年来一塊したる因循の腐臭を一新」することが急務と説く。このあたりは伊地知の建言に重なる。大久保は、ここからさらに一歩踏み込み、喫緊の課題として天皇のあり方を変革しなければならないと論を進める。以下、その部分を現代文にしてみよう。「主上」はむろん天皇を指す。

主上と申し奉《たてまつ》るお方は玉簾の中におわしまして、人間に成り変わったお方で、限られた公卿方のほかは拝し奉ることができないご様子は、民の父母である天賦のお仕事にそむくものです。この根本の原理にかなったお仕事が定まって初めて内治の法が成り立つのです。この根本のところを推し進め、大変革を進めるには遷都の挙を行うべきなのです。

「土地偏少、人気狭隘」の京都から大坂への遷都を説いた伊地知と違って、大久保は何よりも天皇の役割という面から遷都の必要性を論じている。右の現代文では「お仕事」としたが、原文は「御職掌」である。「与えられた役割」というニュアンスが強い。

では、大久保は天皇の役割を、どのように考えていたのか。

主上がおられるところを雲上と言い、公卿方を雲上人と呼び、竜顔を見ることが難しいものと思い、玉体は寸地を踏みなさってはいけないものと過剰に敬い奉り、自ら過大に尊く高貴なもののようにお思いになり、ついに上下が隔たり、今日の陋習になってしまったのです。

ここで天皇自身の意識を問題にしている点が重要である。周囲の公家たちが「竜顔」とか「玉体」と言って過剰に敬い奉る。その結果、天皇自身、自らの高貴性を過大に受け取ってしまっているということから、「今日の陋習」が生じているという。大久保は天皇自身の意識改革を求めているのである。以下、大久保は君主のあるべき姿を具体的に示す。

まず、仁徳天皇に言及する。山の上から民家を見下ろし竈《かまど》から煙が出ていないのを見て民情を察し、三年間租税を免除したという『日本書紀』などが伝える故事で知られる天皇である。大久保は直接ふれていないものの、よく知られたこの故事を前提に「仁徳帝の時を天下万世称讃」したと述べる。さらに、外国の事例を示す。ここでは原文を引こう。

即今外国に於《おい》ても帝王従者一二を率して、国中を歩き万民を撫育《ぶいく》するは実に君道を行ふものと謂《いう》べし

仁徳天皇を引いたのは、この時期に掲げられていた「王政復古」を強く意識したものだろう。同時に外国の帝王にも言及されているわけだが、大久保の目指したものは、むしろこうした「近代的

な統治者としての君主」だったはずだ。いずれにしろ大久保は天皇が狭い宮廷世界を出て、「国中」を歩くことを強く求めた。天皇のあり方のこうした根本的転換を求める大久保の要請が、後の明治天皇の六大巡幸につながったことは言うまでもない。

大坂への行幸

だが、大久保の大坂遷都案は実現しなかった。大久保は慶応四年（一八六八）一月二三日の日記に次のように記した（『大久保利通日記』上巻、傍点は引用者）。

太政官代出席容堂公越公宇和島公参仕於上議事所遷都之儀言上《ごんじょう》衆評不決

「太政官代」は二条城内にあった新政府の中央役所である。「容堂公」は、土佐藩前藩主の山内豊信、「越公」は越前（福井）藩前藩主の松平慶永《よしなが》（春嶽）、「宇和島公」は宇和島藩前藩主の伊達宗城《むねなり》。いずれもこの時期の三職体制（総裁・議定《ぎじょう》・参与）の中で、議定の職にあった。三職体制は一年足らずで太政官制に代わるが、議定はいわば閣僚といったところ。総数三十人のうちに皇族（親王）五人、公家十二人がいる（ちなみに、この時期、大久保は参与）。

この日の議論にどれだけの人が参加していたかは分からない。議論の内容も明らかではない。だが、京都の生活しか知らない公家の大半が遷都に反対だったことは明らかだろう。大久保の日記はほとんど日々の実務的なことしか記されていない。二三日の記述も先に引いただけである。あっさりと退けられたのか、相当の議論があったのかは分からない。「衆評不決」の四文字だけでは大久保の気持ちをうかがい知ることもできない。だが、おそらく「守旧派打倒」の信念を強めたことだろう。

そして、大久保の過激とも言える遷都の建白書は、天皇をめぐる状況を一気に動かした。この年三月一四日、よく知られた「五箇条の誓文」が発せられ、翌一五日には天皇の大坂行幸が発表された。大坂遷都反対の急先鋒だった明治天皇の祖父に当たる議定の中山忠能《ただやす》らはこの行幸にも強く反対した。結局、行幸は、戊辰戦争が続いていたことから、天皇の大坂への「御親征」というかたちで実現する。

出発は三月二一日である。当日の『明治天皇紀』（第一）は、次のように記している。

> 辰《たつ》の半刻直衣《のうし》を著《つ》け、葱華輦《そうかれん》に乗御、内侍所《ないしどころ》を奉じ、錦旗を翻して建礼門を御進発、親征の途に就きたまふ

当然のことながら、天皇はまだ伝統的な和装である。葱華輦は、屋形の中央にねぎぼうずの形をした金色の珠を据えた輿である。後の六大巡幸で主に使われる鳳輦は屋形の上の飾りが金色の鳳凰だから、これに比べると略式の輿と言える。内侍所は三種の神器の一つ八咫鏡《やたのかがみ》を安置した場所だが、ここでは八咫鏡のことである。

天皇には博経《ひろつね》親王（議定）、三条実美（副総裁）ら二十九人が鎧直垂《よろいひたたれ》、揉立烏帽子《もみたてえぼし》姿で馬に乗っ

て供奉した。前後には広島藩などの藩兵多数が鎧姿で配備され、警護に当たった。

東本願寺などで小休止（御小休《おこやすみ》）して、一行は戌《いぬ》の刻にこの日の行在所《あんざいしょ》（天皇の臨時の宿所）、石清水八幡宮に到着した。前にふれたように、孝明天皇が賀茂社とともに二百三十七年ぶりに行幸した地である。出発が辰の半刻（午前八時ごろ）で、到着が戌の刻（午後八時ごろ）だから、ずいぶんとゆっくりしたペースである。大坂の行在所である本願寺別院に着いたのは二三日未の刻（午後二時前後）だった。通常なら歩いても丸一日はかからない距離を二泊三日かけたのである。

天皇は四十三日間、大坂に滞在し、閏《うるう》四月八日（太陰太陽暦でこの年は一年十三カ月で、四月の後に閏四月があった）、京都に還御《かんぎょ》した（行幸から戻ったという意味で、この言葉が使われる）。帰路は淀川を船で淀まで遡り、淀城で一泊しただけだった。

先に述べたように、この時期、戊辰戦争が続いており、この大坂行幸も親征として行われた。天皇は三月二六日、大坂港・天保山で海軍艦隊の演習、四月六日には薩摩、長州など七藩兵による調練、さらに京都に戻る直前の閏四月五日には、福岡、宇和島、広島など八藩による大砲発射の演習に臨んだ。大久保利通ら新政府指導者には、軍事統率者として天皇の新しいイメージを創出する狙いがあっただろう。

大久保、木戸の「感涙」

この時期、大久保利通、木戸孝允、後藤象二郎が天皇に謁見している。

大久保は四月九日、三条実美から依頼を受け、天皇に京都や徳川慶喜恭順後の江戸の状況などについて説明した。大久保は当日の日記に「実ニ卑賤之小子殊《こと》ニ不肖短才ニシテ此如《かくのごとし》……余一身仕《し》合《あわせ》候。感涙ノ外無之《ほかこれなし》」と述べ、一介の藩士が天皇に対面することは「未曽有《みぞう》之事」と記している（『大久保利通日記』上巻）。

木戸は一七日に後藤とともに行幸先の東本願寺難波別院で天皇に会っている。「天下の形勢海外の万国の大勢」を、天皇の質問に答えて説明した。木戸は当日の日記に「天顔を咫尺《しせき》に奉拝せし事数百年未曽聞なり。感涙満襟《えりにみつ》……」と、大久保同様に「未曽聞」のことに「感涙」したことを記している（『木戸孝允日記』第一）。「咫尺《しせき》」の「咫」は古代中国・周代の八寸、「尺」は一尺で、「咫尺」は距離がきわめて近いことを意味する熟語だが、貴人に接近するときにも使う。

大坂行幸は、御所の奥深く、御簾の向こうにいて、ごく限られた公卿らしか接することができなかった「見えない天皇」を「見える天皇」へと変身させる最初の出来事だった。とはいえ、後の六大巡幸における「見える」化に比べると、それはいまだ初期段階だったと言うべきだろう。大久保と木戸は、ともにスタートしたばかりの新政府のリーダーだった。さまざまな政策の作成や実行は、この二人を軸に進んでいた。その二人にして、この時期、天皇に会い、言葉を交わすことは、「未曽有（聞）」のことであり、いまだ「感涙」と記す事態だったのである。

一方、明治天皇にとっても、大坂行幸は自身の環境が大きく変わっていくことを実感した体験だったに違いない。行幸に先立つ一月一五日、鳥羽伏見の戦いが勃発した。その直後にあわただしく元服したばかりの天皇はまだ十五歳である。京都御所を出たことのなかった少年天皇にとって、四十三日間、見るもの聞くものすべてが新しかっただろう。とりわけ、三月二六日に天保山で行われた海軍艦隊の演習は心動かされた体験だったと思われる。この日、天皇は安治川沿岸の富島浜で小舟に乗り、川を下り、天保山で上陸した。天皇は、このとき、生涯で初めて海（瀬戸内海）を見たはずだ。やがて祝砲が響いた後、海軍の大演習が始まった。淡々とその日の出来事を記す『明治天皇紀』（第一）には、めずらしく「天顔特に麗《うるわ》し」とある。天皇は喜びの感情を隠すことができなかったのだろう。

そして、時代は東京遷都へと動きだす。

七月一七日、詔書によって江戸は東京と改められた。それに先立つ四月にはすでに江戸城は無血開城され、上野に籠もった彰義隊も新政府軍に敗れていた。大坂行幸を終えた天皇は、八月二七日に即位の礼を行う。九月八日、明治と改元され、同時に現在まで続く天皇一代の間は一つの元号にする一世一元の制が定められた。

戊辰戦争はまだ終わっていない。会津若松では新政府軍が会津若松城を包囲していた。幕府海軍副総裁だった榎本武揚が艦船八隻を率いて品川沖から蝦夷地に向かったのは、明治改元の半月ほど前の八月一九日である。戦争の終結時期はまだ見えていない。しかし、勝敗の帰趨は明らかになりつつあった。そうした中、九月二〇日、明治天皇は東京への最初の行幸に出発する。その二日後、会津若松城は降伏開城した。

東京行幸については、多くの公家が反対の声をあげた。一方、大久保利通らの新政府首脳は、東京への遷都の方針を固めており、東京行幸をその第一歩と考えていた。両者の対立をめぐる政治過程は興味深いものがあるが、本書の領分ではない（この点については、伊藤之雄『明治天皇』をはじめとした多くの研究書が詳細にふれている)。ここでは、「報道される天皇」誕生前史として、「報道する」側の状況を見ておきたい。

「プレ新聞」の誕生

日本における「新聞誕生史」を詳細に記述することは避け、以下ごく簡単にふれるにとどめる。*

*「日本新聞史」に関する本は少なくないが、手ごろな通史としては、山本文雄編著『日本マス・コミュニケーション史』、春原昭彦『日本新聞通史 1861年―2000年』がある。奥武則『幕末明治 新聞ことはじめ――ジャーナリズムをつくった人びと』は、人物に即して新聞の誕生を跡付けたものである。有山輝雄『近代日本メディア史I 1868―1918』には、私の用語である「プレ新聞」を含めて詳細な記載がある。

日本における新聞誕生の歴史は、「はじめに」で述べたように、一般に幕末、開国とともに開港地の長崎、横浜で創刊された外国人向けの英字新聞から説き起こされる。いわゆる居留地新聞である。イギリス人アルバート・ウィリアム・ハンサードが文久元年五月(一八六一年六月)、長崎で創刊した『ナガサキ・シッピング・リスト・アンド・アドヴァタイザー The Nagasaki Shipping List and Advertiser』が最初である。同紙は週二回刊行され、二十八号で終刊したが、ハンサードは横浜に移り、後継紙として週刊の『ジャパン・ヘラルド The Japan Herald』を創刊する。

ハンサードの『アドヴァタイザー』創刊から半年ほど後、『官板バタビヤ新聞』が登場する。日本において「新聞」という言葉が使われた最初の事例である(「新聞」はnewsの意味で使われた)。

バタビヤ（現在のインドネシア・ジャカルタ）で発行されていたオランダ総督府機関紙の『ヤバッシュ・クーラント Javasche Courant』を幕府の蕃書調所（後に洋書調所）が抄訳して刊行した。

しばしば「日本最初の新聞」とされるのは、ジョセフ・ヒコ（アメリカ彦蔵）が創刊した『海外新聞』である。ジョセフ・ヒコは十三歳のとき、乗船していた船が暴風雨で遭難し、アメリカ商船に助けられ、アメリカに渡る。安政六年（一八五九）六月、アメリカ領事館通訳として帰国する。在米中、ミッション・スクールで教育を受け、短い期間だったがビジネスの世界も経験していたヒコは、社会における新聞の有用性を十分に知っていただろう。アメリカ領事館通訳を辞した後、ふたたびアメリカに戻るなどの紆余曲折を経て再来日し、元治元年（一八六四）五月ないしは六月、『海外新聞』を創刊する。

『海外新聞』は、文字通り、横浜に届く西欧の新聞から記事を選んで抄訳、筆写したものだった。半紙数枚を二つ折りした冊子の形態で、合冊を含めて二十六号まで原紙が確認されている。『海外新聞』以降にも居留地新聞を抄訳した「新聞」は少なくない。これらは翻訳・筆写新聞と呼ばれる。さらに慶応四年（一八六八）になると、独自の記事を含む「新聞」が、江戸で続々と誕生する。主なものだけでも、『中外新聞』『江湖新聞』『公私雑報』『横浜新報もしほ草』『日々新聞』などがある。この時期の日本語新聞は、半紙を二つないしは四つに折った冊子体のもので定期的に刊行されたわけではない。内容も私たちが「新聞」という言葉から考えるものとはかなり違っている。

とはいえ、翻訳・筆写新聞に比べると、西欧の新聞とその役割を強く意識していることは明らかである。この点は、次にふれる柳河春三《やながわしゅんさん》の『中外新聞』がとりわけ鮮明にその姿勢を標榜し、かつ実践した。翻訳・筆写新聞は筆写という制約もあって部数は少なく、当然限られた読者しかいなかった。これに対して、たとえば『中外新聞』は三月二八日発行の第九号に「僅《わずか》に一ヶ月の間既に購求する人千五百名に及べり」と、人気ぶりを自賛した記事を載せている。定期刊行までは行かなかったが、木活字を使い、ほぼ二日から四日ごとに刊行されている。

『中外新聞』に代表される、こうした要素を含めて、この時期に叢生した一群の刊行物を「プレ新聞」と呼びたい（表2）。

柳河以外にも『江湖新聞』を発刊した福地源一郎（桜痴《おうち》）もいる。福地は明治以後、『東京日日新聞』で活躍する。福地は渡欧体験もあり、柳河とともに西欧における新聞の役割を理解しつつ、『江湖新聞』を発刊した。

「プレ新聞」にも翻訳・筆写新聞と同様、居留地新聞などをニュース・ソースとする記事が少なくないが、自前の情報による記事も多い。戊辰戦争の時期に、国内で起きている出来事をフォローしていた点で、明治以後、新聞創成期に登場する新聞とのつながりは翻訳・筆写新聞よりずっと深い。したがって、これらを「新聞以前」とすることはできない。「プレ新聞」という呼称には、そうした歴史的な意味が込められている。

表2　慶応4年発行の主な「プレ新聞」

中外新聞	第1号（2月24日）～第45号（6月8日）
中外新聞外篇	巻之1（4月）～巻之23（6月）
日々新聞	第1輯（4月18日）～第18輯（6月5日）
内外新聞	第1号（4月10日）～第50号（6月1日）
公私雑報	第1号（4月27日）～第14号（5月21日）
江湖新聞	第1集（閏4月3日）～第22集（5月22日）
横浜新報もしほ草	第1篇（閏4月11日）～第42篇（明治3年3月13日）

天子・日本御門・皇帝・天皇

なぜ、慶応四年（一八六八）という年に「プレ新聞」が続々と登場したのだろうか。「新聞」というものの社会的役割を考えるとき、この問いは重要である。この年初め、鳥羽伏見の戦いで戊辰戦争が始まった。新政府軍が各方面から江戸を目指して進軍し、各所で戦闘が続いていた。戊辰戦争の成行きはどうなのかということが人々の最大の関心だった。「情報」に対するニーズが一気に高まっていた。そうしたニーズに応えるかたちで、一群の「プレ新聞」が登場したのである。いずれも半紙を二つないしは四つ折りにした冊子形態で、多くは木版だった。『中外新聞』だけが例外的に木活字を使っていた。

その『中外新聞』が柳河春三によって創刊されたのは、鳥羽伏見の戦いから一カ月半ほど後、二月二四日だった。柳河は開成所の頭取の職にあった。開成所は幕府が直轄の洋学の教育・研究機関として開設した蕃書調所の後身である。洋学は語学をはじめとした西欧の学問を総称した言葉である。開成所は、当時、一流の洋学者が集う最高峰の知的センターだった。

蕃書調所が『官板バタビヤ新聞』にかかわっていたことは、前にふれた。『官板バタビヤ新聞』から翻訳・筆写新聞を通じて、柳河はリーダーとして、同僚を率いた。『中外新聞』以外の「プレ新聞」の多くは、開成所に直接あるいは間接的にかかわった人びとが創刊した。その意味で、柳河は幕末の「プレ新聞」期のキーパーソンと言っていい。

柳河と『中外新聞』については、ジャーナリズム史の観点から重要な事項は多いのだが、この点は新聞創成期が生まれた歴史的状況との関連に限定して第二章で取り上げる。ここでは、この時期の「プレ新聞」に、どのようなかたちで「天皇」が登場していたかについて、『中外新聞』を中心に見ていこう。

『中外新聞』には、「天子」「日本御門」などの言葉が登場する。たとえば、第一号冒頭に載っている「西洋三月七日我二月十四日の横浜出板新聞紙より抄訳す」という記事には、「天子」という言葉が出てくる。「横浜出板新聞紙」は不明だが、居留地新聞の一つであることは間違いない。長崎と京都からの情報をまとめた記事である。会津征討を決めた新政府の決定について、「全く薩摩と長州との決議より出《いで》たる事なるべし。此《かく》の如き未曽有の大変革は蓋《けだ》し天子を尊《たっと》ぶの真意より出たるにはあらずして……」とある。

二月二八日発行の第二号冒頭は「局外中立の触書」というタイトルで、アメリカが戊辰戦争に関して出した布告を翻訳している。「日本御門《みかど》と大君との間に戦争の起りたる事を布告し、且《かつ》合衆国人民をして局外中立の規則を厳重に守らしめんが為に左の趣《おもむき》を触れ示す」として、艦船、兵器の売却・貸与禁止などを記した布告の全文を翻訳掲載している。「大君」は、幕府が朝鮮への国書で使っていた将軍の呼び方で、居留地新聞を含めて、この時期の西欧の新聞は将軍を指す言葉としてTycoonを使っていた。

慶応四年（一八六八）三月七日発行の第五号には「皇帝陛下」「皇帝」という言葉も使われている。これは、先にも述べたイギリス公使ハリー・パークス襲撃事件について京都在住のイギリス人から得た書状を翻訳して掲載した記事の中である。フランス公使とオランダ公使（正しくは代理公使）が「皇帝陛下に謁見」した翌日、「英国公使ハルリー（ママ）・パークス京都に於《おい》て皇帝の宮殿へ昇らんとする途中にて、卒爾《そつじ》に襲撃せられ自身も少しく疵《きず》を被《こうむ》り……」とある。「皇帝陛下」と「皇帝」はそれぞれ原文の His Majesty of Emperor と Emperor を翻訳したものだろう。

三月一八日発行の第七号には「天皇」という言葉も使われている。これは「勅書の写」を掲載した記事で、「日本国天皇諸外国帝王に告ぐ」（原文は漢文）と書き出され、政権は替わったが、従前の条約通りの政治を行うので、「大君」の名称は当面、「天皇」と読み替えるように各国外交団に了解を求めた内容である。

以上は、使われている言葉は違うが、「天皇」が記事に登場している例である。とはいえ、いずれも天皇その人のことやその動静について直接報道したものではない。記事の中で、それらの言葉が使われているだけである。それゆえ、「報道される天皇」誕生の前史として捉えることはできない。しかし、「プレ新聞」にも、天皇の動静に直接かかわる記事がまったくみられないわけではない。

大久保建白書の掲載

そうした「天皇記事」の具体例にふれる前に、少し寄り道をしておきたい。

大久保利通が慶応四年（一八六八）一月、大坂遷都を建白したことは前にふれた。『中外新聞』第七号は、「薩藩大久保市蔵の建白書」というタイトルで、この建白書の全文を掲載している（大久保は旧名「一蔵」。「市蔵」は『中外新聞』の誤り）。建白書は一月二三日、朝議で否決された。『中外新聞』が建白書を掲載したのは二カ月近く経ってからである。建白書を掲載しただけで、その後のことにはふれていない。

この記事は、やはり天皇の動静に直接かかわる記事ではない。その意味では前節で指摘したように、「報道される天皇」誕生の前史として捉えることはできないだろう。だが、否決から二カ月近くも経ってから、この建白書を掲載した『中外新聞』のニュース感覚とも言えるものに注目したい。大久保の建白書は先にも指摘したように、統治者としての天皇のあり方の根本的転換を求める内容であり、後の天皇の六大巡幸につながるものだった。むろん『中外新聞』の柳河春三に、そこまでの歴史的な見通しがあったわけではないことは明らかだ。

『中外新聞』は、この建白書をどこで入手したのだろうか。建白書は公にされたものではない。大坂遷都も実現していない。おそらく柳河春三ないしは周辺の人物には、こうした情報を得るネットワークがあったと思われる。そして、柳河は、この建白書が天皇をめぐる時代の大きな変化にかかわる重要な文書だと感じたのだろう。それゆえに、二カ月近く前の実現しなかった建白書をあえて掲載したに違いない。

大久保の建白書が提出された時期、まだ「プレ新聞」の多くは創刊されていない。したがって、建白書を掲載する機会は『中外新聞』にしかなかったと考えられる。だが、この事例は、その後に登場する「プレ新聞」を含めた「天皇」に対する新しい関心のあり方を示すものだっただろう。

「プレ新聞」の中の天皇

この時期の天皇の動静としては大坂行幸があった。慶応四年（一八六八）三月二一日に京都を立ち、閏四月八日まで大坂に滞在した。「旅する天皇」の第一歩であり、それゆえ「報道される天皇」誕生にとっても画期的な出来事だった。『中外新聞』など「プレ新聞」はどのように伝えただろうか。

慶応四年三月二一日発行の『中外新聞』第八号に、「三月十三日出、京都友人の書状」とニュース・ソースを明示した記事が載っている。最初に「洛中至《いたっ》て平穏にて何事も無之《これなく》、市中一同安堵《あんど》」していると、京都の町の様子を伝えているのだが、これはすぐ後を読むと、京都の町に遷都の噂があることにかかわる記事だと分かる。「遷都の事に付《つい》ては朝廷にても、色々御評議これ有る由《よし》なれども」、簡単には決まらないようだと記し、さらに「今上には近々大坂へ行幸あらせらるべき由」と続けている。

この号の発行日は実際に天皇が大坂行幸に出発した日と同じである。「京都友人の書状」が江戸に届くまで日数を有し、さらに刊行まで数日はかかっただろうから、『中外新聞』としては「ニュース」を速報したのである。「京都友人」がいかなる人物か分からないが、この人物はすぐれたニュース感覚を持っていたと言っていいだろう。『中外新聞』はそれに応えて、すぐに紙面に掲載したのである。

同じ第八号には、天皇にかかわるもう一つの記事が載っている。これも「京都書状」がニュース・ソースと明示されており、書状の差出人はおそらく先の記事と同一人物だろう。先の書状より二日早い「三月十一日出」とある。「去る九日」に太政官役所に主上が行幸したという記事である。『明治天皇行幸年表』によると、この日たしかに天皇は二条城内にあった太政官代に行幸している。

「蝦夷地開拓に付御下問」と注記されている。『中外新聞』には、天皇の御下問の内容は書かれていないが、別の点で興味深い記述がある。

この日、天皇は（記事では「主上」）は御輦《ぎょれん》に乗って行幸した。御所から太政官代がある二条城まではごく近い距離だが、前後を「銃隊」が護衛し、長門少将（毛利元徳）らが馬で供奉した。「西洋太鼓」を打ち鳴らしたという。「西洋太鼓」は軍楽隊のドラムなのだろう。相当ににぎやかな行列だったようだ。沿道は「拝礼の者山の如く」で、「町人など大《おお》いに悦《よろこ》び居候《おり》様子」だったという。

この記事は、「見えない天皇」が「見える天皇」へと変わっていく様相の一端を伝えるものである。もっとも大坂行幸については、『中外新聞』にはごく短い記事しか載っていない。第九号（三月二八日発行）は、末尾の「横浜新報告」に「天子は去る廿二日一万人許の兵を引率して大坂へ御幸御座候」とあるだけだ。「京都友人」からは、大坂行幸に関しては具体的な情報は得られなかったらしい。

行幸中の出来事については、先に三月二六日に天保山沖で行われた海軍艦隊の演習にふれた。『明治天皇紀』（第二）が「天顔特に麗《うるわ》し」と記したことも、そこで紹介した。イベントという意味では、大坂行幸のハイライトとも言うべきものだっただろう。『中外新聞』第十三号（四月一三日発行）にもその記事は載った。

皇帝陛下自ら御船に乗じ玉ひ、天保山辺に碇泊したる外国船を巡見し玉ふ。此時諸船より祝砲を発す。其声天に轟《とどろ》くと云ふ。是横浜新聞に載る所なり

「皇帝陛下」という言葉が使われていて、記事が天皇の外国船巡見と祝砲しか伝えていないのは、この記事が「横浜新聞」（横浜発行の『ジャパン・ヘラルド』か）を翻訳したものだったためである。『中外新聞』以外の例として、『江湖新聞』の記事を紹介しておく。慶応四年閏《うるう》四月一九日発行の第九集で、大坂行幸を終えた天皇の京都還御を伝えている。「大坂よりの新聞ニ曰《いわ》く」とあって、次のように続いている。

皇帝陛下ハ去ル七日、屋根もて覆《おお》へる御船にて京都へ還御遊バされ、淀河の両岸ハ兵隊を以て護衛し、御船の溯《さかのぼる》に随《したが》ひ京師まで扈従《こじゅう》申上たり。朝廷にては会津の侵襲追々近づきたること実説なりとて、深く之を恐怖し玉へりとぞ

「大坂よりの新聞」の「新聞」は、現在の言葉では「ニュース」に当たる。だが、「皇帝陛下」とあることから、『中外新聞』と同じように何らかの英字新聞が情報源と思われる。「会津の侵襲……」の部分には、会津藩を中心にした奥羽越列藩同盟への動きが鮮明になっていた戊辰戦争の戦況への関心がうかがえる。

いずれにしろ、この時期、「プレ新聞」の代表格である『中外新聞』や『江湖新聞』にして、天皇はこのようにしてしか登場しない。そこに、「報道される天皇」誕生の萌芽をみることはできるかもしれない。だが、「報道される天皇」誕生の不可欠な要素である「報道する側」（＝取材者。後

の言葉を使えば「新聞記者」）はまだ姿を見せていない。その登場は明治以降の新聞創成期を待たなくてはならない。

壮麗な行列を図像で伝える

大坂行幸に関する「プレ新聞」の記事として、『公私雑報』第五号（閏四月一〇日発行）に異色の記事がある。「〇難波津《ナニハヅ》御幸《ミユキ》之記」（ルビは原文）として冒頭に目立つかたちでタイトルを付けている。これはこの時期のものとして異色である。そのうえ、行幸の隊列を緻密に描いた木版による図像を見開き五ページにわたって収録している。この図像は、この後すぐに実現する天皇の東京行幸に際して登場した錦絵（東幸錦絵）の先駆としてみることができるかもしれない。

「〇難波津御幸之記」には、まず「神武天皇長脚彦命を討ち橿原宮に天下しろしめしときより」と書き出した前文がある。大久保利通の大坂遷都建白書にもあった「民の竈」の故事にもふれている。今回の行幸は天皇が民を慈しんだ良き伝統を復活させるものだというのである。最後は次のように荘重に結ばれている（ルビは原文）。

> 目もあやな御稜威《ミイツ》の恭《カタジケ》なさを拝みて概略《アラマシ》を記し、遠近《オチコチ》に告《ツゲ》て、倶《トモ》に万歳をうたはんと、おほけなくもかしこきを忘れて、かくはものしてける

この後、「〇慶応四年三月二十一日」というタイトルを付し、「御親征　行幸御列御道筋」を「廿

図版1　大坂行幸の隊列を描いた図版（天皇が乗った鳳輦が描かれている）

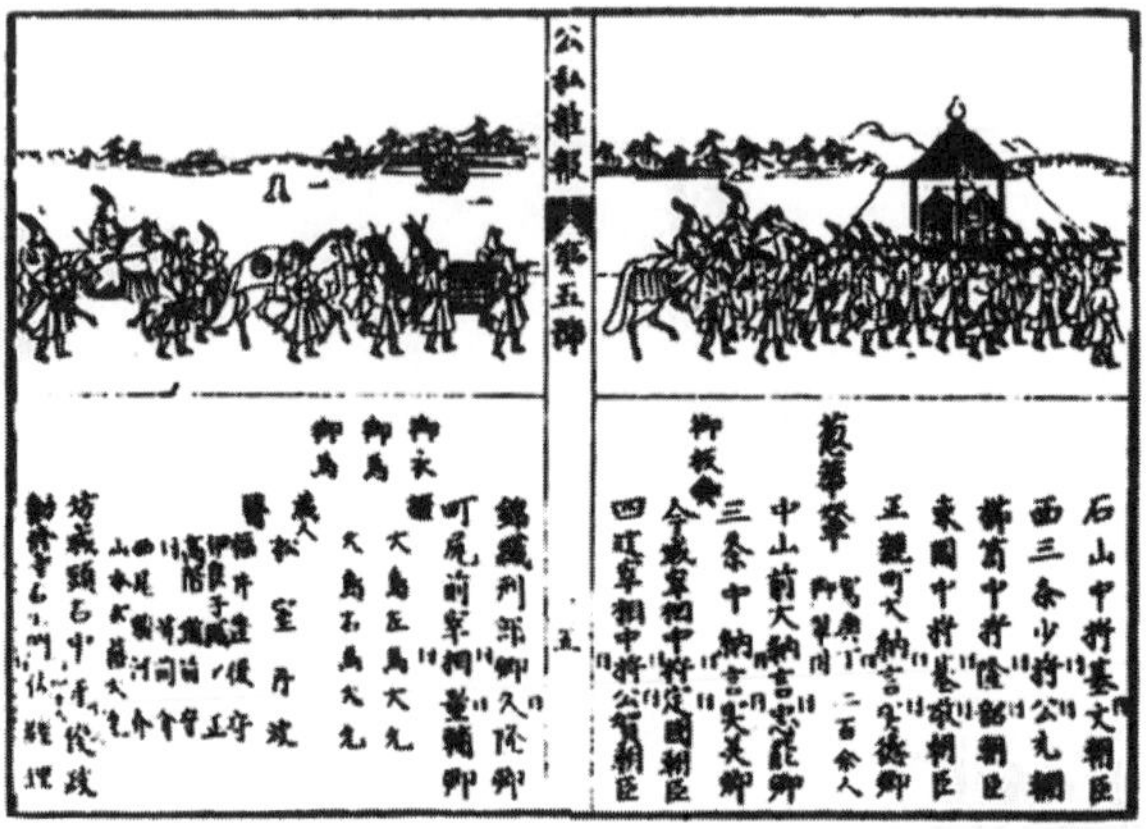

三日大坂西本願寺え着後」までの順路を記している。この後、見開き五ページにわたって行列を描いた絵図が続く（図版1）。それぞれのページは上半分に行列の絵があり、下半分に随行者の名前が詳しく載っている。前文にあるように、「目もあやな御稜威の恭なさを拝みて概略を記し」たというわけである。

『公私雑報』の紙面作りには、『中外新聞』や『江湖新聞』にはないセンスが感じられる。『公私雑報』の製作者として、渡辺（渡部）一郎と橋爪貫一の二人が知られている（尾佐竹猛「『公私雑報』解題」『幕末明治新聞全集』第五巻）。渡辺は「開成所教授職」、橋爪は「軍艦役並見習」という肩書がある。渡辺は柳河の同僚であり、橋爪は幕府海軍の軍人で、柳河周辺にいた英学者グループの一人である。ともに英語に通じていた。

渡辺は『中外新聞』にも「訳者」として登場している。第二章でふれる『中外新聞』の別版『中外新聞外篇』の編集人でもあった。明治以後、「渡部温」と改名し、英学者・教育者、さらに実業家としても活躍する。東京外国語学校校長なども務め、イソップ物語を初めて本格的に翻訳・紹介した『通俗伊蘇普物語』でも知られる。

「プレ新聞」には、柳河、福地源一郎のほか、渡辺や橋爪のような当時の一流知識人がかかわっていたのである。彼らの多くは旧幕臣だった。

「プレ新聞」の終焉

大坂行幸から京都に戻った天皇はいよいよ東京に向かう。慶応四年（一八六八）が明治元年になったばかりの九月二〇日、最初の東京行幸に出発する。第一回東幸である。「プレ新聞」は、こうした新しい状況をどのように伝えたのだろうか。

しかし、残念ながら、十九ページの表2に示したように、この時期になると、後にふれる『横浜新報もしほ草』を除くと、「プレ新聞」は姿を消してしまっている。彰義隊を打ち破り、江戸の町を制圧して間もない六月五日、新政府は次のような町触を出した。

近来、新聞紙類、種々ノ名目ニテ陸続発行致シ、頗《すこぶ》ル財利ヲ貪《むさぼ》リ、大ニ人心ヲ狂惑動揺セシメ候条、不埒《ふらち》ノ至リニ候。以来官許無レ之《これなき》分ハ一切被レ禁《きんじられ》候間、屹度《きっと》取糾可申旨《とりただしもうすべきむね》、御沙汰候事

この町触には、木版の板木や摺り終わった分もすべて没収するので一〇日までに残らず町役人のもとに差し出せという添え書きがある。新政府の姿勢は強硬だった。

戊辰戦争が続く中、まさに「陸続」と登場した「プレ新聞」の多くは旧幕臣がかかわっており、

ともすれば旧幕府に有利な情報を伝えた。「佐幕派新聞」と呼ぶ研究者もいる。それゆえ、新政府は「人心ヲ狂惑動揺セシメ」と敵視したのである。「官許」と言いつつ、つまりは「発行禁止」だった。この時期を「第一期の新聞隆盛期」とする見解（太田原在文『十大先覚記者伝』）もあるが、いずれにしろ、「プレ新聞」は慶応四年（一八六八）、一瞬の光芒を放って消えた。

『横浜新報もしほ草』の記事

「プレ新聞」の中で唯一残った『横浜新報もしほ草』（以下、『もしほ草』。『横浜新報もしほくさ』と表記した号もある）の発行人は、横浜在住のオランダ系アメリカ人ヴァン・リードである。リードは国内法の適用を受けない治外法権下にあった。そのため『もしほ草』は廃刊を免れた。

リードは、『海外新聞』のジョセフ・ヒコの自伝（『アメリカ彦蔵自伝』）に登場する。詳しい履歴は分からないが、ヒコが在米中に知り合った友人の一人で、ヒコとの交流から日本に興味を持って、来日したらしい。アメリカの横浜領事館に勤めた後、日本人のハワイ移民を斡旋する仕事などをしていた。『もしほ草』には、創刊当初から岸田吟香《きしだぎんこう》が協力していた。岸田は、後に「御巡幸ノ記」を連載するなど、『東京日日新聞』で活躍する。岸田とこの連載については第四章で詳しくふれる。ここでは、廃刊を免れた『もしほ草』に載った東京行幸に関する記事をみてみたい。

慶応が明治に改元されて間もない明治元年（一八六八）一〇月九日発行の第二十六篇には、東京行幸に関する記事が二つ出ている。一つは「帝は日本の九月廿日御出輦にて、陸路を東京府に親臨あるべしとなり」と書き出した記事で、「元来軍艦」で行くはずだったが、「何者か海上において、帝を擒《とりこ》にせんとくわだつるものありし」と聞いて、陸路にしたという内容である。
もう一つは「今度、帝王《みかど》東京府への御幸のをりから、駿府へ御立よりありて、旧大君と御同伴にて、東京府御入城あるとの新報、横浜中に流普《るふ》せり」（「みかど」のルビは原文）として、これを歓迎している。ここで「旧大君」とは駿府（静岡）に移っていた徳川慶喜を指す。「亜英仏をはじめ、よこはま在留の外国人等、喜悦する事限りなく……」とあるが、当時こうした噂が本当に横浜に流普（流布）していたかどうかは分からないが、新政府内部で検討されたことを示す史料はなく、文字通りの噂に過ぎなかっただろう。

アメリカ人リードの論評

この二つは、天皇の東京行幸という事実のほかは、根拠のない噂を伝えているだけだ。一〇月二八日発行の第二十八篇に載った記事は、これらと違って、興味深い。内容から見て、ヴァン・リードが書いた英文を岸田が日本語に翻訳したものと思われる。平がなの多い、くだけた文体からみて、翻訳者は岸田と考えていい。天皇行幸を、いわば西欧の視線で論評した内容である。この時期ではむろんのこと、明治になって「報道される天皇」が誕生した後も、こうした記事は現れることはない。「報道する側」が西欧の視点を持ちえない以上、当然と言えば当然だった。異色の記事であり、少し詳しく紹介しておきたい。書き出しは、至って穏当である。

皇帝陛下は今度かな川駅へ御通輦につき、日本人はいふにおよばず、我輩まで御くるまをはい

し奉ることを得て、いとありがたきことにことありける

日本人ではない「我輩」は、リードその人である。「ありがたきこと」としつつ、記事は「されどもをしむべし」と、すぐに注文を付ける。

みすとかいへるものにておほひければ、たれもまさしく拝したてまつるものなきこそ、のこりをしけれ

せっかくの「御通輦」なのに、天皇その人は御簾の向こうにいて、「我輩」たちは車（鳳輦）を拝むだけではないかというわけである。この後、「わが亜米利加はいふにおよばず、欧羅巴の諸州の帝王」として、西欧との比較が続く。「わが亜米利加」とあることも元の筆者がリードであることを裏付ける。

西欧との比較でリードが言及しているのは、次の二点である。まず、西欧では帝王が国内を巡る場合、「いかなるいやしきもの」でも帝王を拝することができ、冤枉《えんおう》（無実の罪）があれば、直接訴えることができたという。もう一つは、西欧諸国の帝王は、警護の兵隊がいた場合、「かならず会釈したまふふうぞく」があると述べる。

最初の事例は、つまりは直訴ということになろうか。六大巡幸での直訴の事例とそれを禁じた通達には後にふれる。

記事は、日本は「数年来外国との通親」を始めたばかりだから比較すべきではないと続く。しかし、結びはいかにも先進国アメリカの人間らしい。

開化の二字をおもんじたまはんには、おひ〱に帝は神のみすゑにて人るゐとはかはりたまふなどいへる僻言《ひがごと》をいはず、民の父母たることをわすれ給はず、よきまつりごとをしきたまふにおいては、あやしきたび寝のわが輩にまで、大ひなるさいはひならんかし

「王政復古」を打ち出した明治新政府は、天皇を「天孫」というかたちで民衆を教化していた。リードは、文明開化の時代、そんなばかげたこと（僻言）を言わずに西欧諸国の帝王のあり方に学べば、「よきまつりごと」（政治）ができると、教えを垂れたのである。

初めて太平洋と富士を見る

明治元年（一八六八）九月二〇日に京都を出発した天皇一行は、一〇月一三日に東京に着く。『もしほ草』第二十九篇（一一月一三日発行）に「主上御東幸に付、東京市中一同へ酒をたまはり、十一月六日七日の間に之を頂戴し、市中大い賑《にぎわ》ひ祭礼の景色なり」（全文）という短い記事が載っている。この記事にある東京市民への酒の下賜は総計二千九百九十樽だった。加えて、錫瓶子《すずへいし》（瓶子は徳利のこと）五百五十本、干鯣《ほしするめ》千七百把《ぱ》などを下賜した（『明治天皇紀』第一）。反新政府感情が残る江戸（東京）市民への一つの懐柔策だった。

「プレ新聞」で唯一残っていた『もしほ草』が最初の天皇の東京行幸についてふれた記事はこれだけである（先に紹介した記事と同じ第二十八篇に「頃日《このごろ》皇帝陛下自ら東京府に御幸あり」と書き出された記事があるが、行幸についてはこの部分だけである）。

天皇は一二月八日、いったん京都に戻る。一二月二五日に行われる孝明天皇三年祭のためである。京都への帰路は海路だったが、往路は陸路を使った。東海道を通って鳳輦に乗った天皇が東京に着くまで足かけ二十三日を要した。先に大坂行幸に際して「報道する側」の不在を指摘した。「プレ新聞」のほとんどが消えてしまった中で行われた東京行幸において、「報道する側」は当然、不在のままである。唯一残っていた『もしほ草』の関連記事はすでにふれた。

だが、明治天皇その人にしてみれば、東京までの旅程での経験は、大坂行幸とは比較にならない新しいものに満ちあふれていたに違いない。そうした天皇の経験のいくつかを、『明治天皇紀』からピックアップしておきたい。「報道される天皇」の前提として、日本史上初めて「旅する天皇」となった人の経験を知ることは、「報道される天皇」誕生の前史の一環として有益だろう。京都を出発して、二日後の九月二二日、天皇は十六回目の誕生日を迎える。この日、一行は江戸時代以来の宿場町である石部（現・滋賀県湖南市）から土山（現・同県甲賀市）まで東海道を進んだ。土山の行在所となった旧本陣では、岩倉具視、木戸孝允らが召されて、酒肴を賜った。旅の宿（といっても、旧本陣だが）でのささやかな誕生祝いである。天皇の耳には届いていなかっただろうが、この日、東北では会津藩が降伏した。

一〇月一日、新居（現・静岡県湖西市）の手前、潮見坂で鳳輦を止め、野立てをした。潮見坂は、西国から江戸に向かう旅人が初めて太平洋を目にする場所として知られる。明治天皇は太平洋をその目にした最初の天皇だった。木戸孝允は、この日「皇威の洋外相輝ん始なりと感泣に不堪也」と記している（『木戸孝允日記』第一）。

この後、浜名湖を船で渡り、浜松、掛川を経て、四日、藤枝町（現・静岡県藤枝市）の行在所への途次、金谷（現・静岡県島田市）で初めて富士山を遠望した。太平洋と同様に、明治天皇は初めて富士山を見た天皇となる。七日の行在所は三島町（現・静岡県三島市）だった。旧本陣の樋口伝左衛門邸内には不二亭という名の茶室があった。その名の通り、富士山を眺めることができた。ここでも天皇は富士山の眺望を楽しんだはずだ（ちなみに、不二亭は現在、「明治天皇御使用の茶室」として三島神社境内に移築・保存されている）。

太平洋、そして富士山を初めて見たときの天皇の思いを知る史料は伝えられていない。だが、水平線まで続く太平洋の大海原や大きな裾野を広げて屹立する富士山を目にして、若き天皇は狭い御所を出たことを実感したに違いない。

錦絵に描かれる

京都にいったん戻った天皇は、翌明治二年（一八六九）三月七日にふたたび東京に向かう。途中一二日には伊勢神宮を参拝した。天皇自身の伊勢参拝は、初めてのことである。東京着は三月二八日。第二回東幸と呼ばれる、この行幸は事実上の東京遷都だった。江戸城はすでに東京城と名前を変えていた。本丸は文久三年（一八六三）一一月に火災で焼失していたから、西丸《にしのまる》が「皇居」とな

図版2　東幸錦絵「武州六郷船渡図」（絵師は月岡芳年）

った。

『明治天皇紀』（第一）によると、第一回東幸には、新政府首脳らを含め三千三百人余が供奉した。何日も続いた行幸が天皇にとって新しい経験に満ち溢れたものだったと同様、天皇一行を迎える側にとっても、それはまったく新奇な出来事だった。当時、時事的な出来事はしばしば錦絵に描かれて一般に広まった。天皇を乗せた鳳輦を中心にした壮大な行列は、錦絵の恰好の題材となった。

こうした錦絵については、奈倉哲三『錦絵解析　天皇が東京にやって来た！』が詳しい。第一回東幸の際に描かれた錦絵で、今日までに知られているのは五十二枚だという。奈倉はこのすべてを対象に版元・絵師・描かれた時期などを特定し、描かれた図像の内容を分析している。東幸錦絵は「東幸行列図」と「天盃頂戴図」に分けられる。前者は文字通り、さまざまな場所における天皇一行の行列を描いたものである。図版2は、その一枚で、船を並べて橋とした船橋で六郷川を渡る天皇一行の行列を描いている。六郷川を船橋で渡ったのは事実であるが、名倉は「大きくカーブした船橋のうえを整然と渡御していく姿とし、全体を鳥瞰的に描いた構図は芳年の構想力による」と指摘している。つまり、絵画的に構成されたものなのである。

天皇の東京入りの後、東京市民に対して酒が下賜されたことについては、先にふれた。「天盃頂戴図」は、その「天盃」で市中が賑わう様子を描いていたものである。

明治天皇の東京行幸の少し前、江戸では「戊辰戦争諷刺錦絵」が大流行した。現在確認されたものは、わずか数ヵ月間で約百五十点に及ぶという。官軍批判を主体にした内容だったから、江戸の市民に人気があったのだろう。東幸錦絵は「戊辰戦争諷刺錦絵」には及ばないものの、人々の関心に応えるものではあった。こうした錦絵もメディアと言っていい。だが、そこに描かれたのは絵画として構成された行幸の行列であり、「天盃頂戴」で賑わう東京市民の姿である。奈倉の詳細な分析が明らかにしているように、東幸錦絵から得られる社会史・民衆史的な情報は少なくない。とはいえ、「報道される天皇」の誕生を考える本書では以上の簡単な紹介にとどめる。

第二章　新聞創成期

ジャーナリズムの萌芽

慶応四年（一八六八）、『中外新聞』をはじめとする「プレ新聞」が続々と誕生する。だが、先に記したように、同年六月五日、新政府はこれらを厳しく取り締まる町触を出した。この前後に「プレ新聞」は相次いで廃刊に追い込まれる。この点にはすでにふれた。

この町触は、江戸幕府の南北町奉行を引き継ぐかたちで発足した市政裁判所が出したものだった。*

＊この「町触」を含め、以下参照する新聞に関する法令類は、松本三之介・山室信一編『言論とメディア　日本近代思想大系11』に所収されている。

市政裁判所は七月一七日、発足したばかりの東京府に併合される。それ以前の六月八日に、今日、「新聞紙私刊禁止布告」と呼ばれる太政官布告第四五一号が出ている。江戸の町を対象にした地域限定の「お触れ」は、日を置かずして全国に対象が広げられたのである。内容は町触とほぼ同じだったが、「官許」がないものに対する取締りは、次のようにより厳しくなった。

官許無レ之《これなき》分ハ、御吟味之上、板木・製本モ取上《とりあげ》、以後相背《あいそむき》候節ハ、刊行書林ハ勿論、頭取幷《ならび》ニ売弘《うりひろめ》候者迄、屹度《きっと》御咎《おとがめ》可レ被ニ仰付一《おおせつけらるべく》候間、此旨可ニ相心得一《あいこころえるべく》候事

版元（「刊行書林」）だけでなく、発行責任者（「頭取」）から販売した者（「売弘候者」）まで罰するというのである。「プレ新聞」の多くは旧幕臣が発行したもので、「佐幕派新聞」という言い方があ

ることを前に紹介した。前身の町触もこの太政官布告も、そうした「プレ新聞」に対する敵意が露骨である。町触の「頗《すこぶ》ル財利ヲ貪リ、大《おおい》ニ人心ヲ狂惑動揺セシメ」、そして、太政官布告の前段部分には「人心ヲ惑《まどわ》シ候品不レ少《すくなからざる》ニ付」という文言がある。

　ここで言う「人心」は、いわば世論である。戊辰戦争はまだ続いていた。産声を上げたばかりの新政府は、「佐幕派新聞」による反官軍感情の広がりを警戒していたのである。先に、「プレ新聞」は形態・内容・刊行頻度のいずれにおいても、現在の新聞に直接的につながるものとは言えないと述べた。「プレ新聞」と呼んだ所以である。しかし、その際、「プレ」とはいえ、そこにも自ら得た情報を広く報道するというジャーナリズムの萌芽がみられることも同時に指摘した。新政府は、こうした側面を警戒し、敵視した。

　この萌芽に関して、注目すべきは、「プレ新聞」の代表格として、これまでも言及してきた『中外新聞』である。「旅する天皇」誕生と時を同じくして多くの新聞が創刊された。本章では、この新聞創成期が現出した歴史的意味を明らかにする。まずは、その前提として、『中外新聞』の短い歴史をみておきたい。

写真3　柳河春三

日本新聞紙の濫觴

『中外新聞』を主宰した柳河春三は、『中外新聞』の持つ画期性を強く自覚していた。慶応四年（一八六八）二月二四日に発行された第一号に載った冒頭の文章を引く。「創刊の辞」とも言うべき内容である。

先年以来横浜開板のタイムス又ヘラルドと名《なづ》くる新聞を訳し、又は英吉利、亜墨利加、仏蘭西、和蘭諸国の新聞をも得るたび毎に訳出し、写本にて伝へ来ると雖《いえど》も、筆写の煩《わずらわ》しきに堪へざるを慮《おもんぱか》り、此度活字にて印行するものなり（横線は原文）

タイムスは『The Japan Times』、ヘラルドは『The Japan Herald』であり、ともに代表的な居留地新聞である。ほかに『ジャパン・タイムズ』の前身である『ジャパン・コマーシャル・ニュース The Japan Commercial News』も有力な居留地新聞だった。柳河は開成所の同僚らと会訳社という翻訳集団を作り、これらの居留地新聞の記事を適宜翻訳し、『神奈川横浜出版日本貿易新聞』『日本新聞』『日本新聞外篇』などの紙名で刊行した。いずれも半紙を二つ折りした冊子の形態だった。

筆写には当然多くの手間がかかる。そこで、これからは活字（木活字）で刊行するというわけである。しかし、その「手間」を省くということだけが創刊の理由ではなかった。「創刊の辞」は、居留地新聞など外国の新聞から翻訳した記事はこれまでと同じように掲載するとしたうえで、次の一文を続けている。

且《かつ》訳文ならざるも広く世上に付知すべき事を取交《とりまじ》へて記す

「訳文」というのは、文字通り居留地新聞などからの翻訳記事を指す。『中外新聞』はそれだけではなく、世の中に広く知らしめるべきことも掲載するというのである。『中外新聞』という紙名は、ここに由来する。「外＝訳文」に対して「中」は「訳文ならざるも広く世上に付知すべき事」を意味した。この紙名には、自前の情報を載せていくのだという柳河の意思が込められていたに違いない。ここにジャーナリズムの萌芽を明確に読み取ることができる。翻訳・筆写新聞にはなかった、こうした『中外新聞』の画期性について、柳河自身、はっきりと認識していた。第九号（三月二八日発行）の文章に、それは鮮明に現れている。居留地の英字新聞や翻訳・筆写新聞について「日本の新聞紙とは言ひ難《がた》し」とし、次のように続く。

近頃京都にては太政官日誌といふ書板行ありて世に行はる。然《しか》れども是《これ》は朝廷の公告なれば、吾等が会社の著述を以て竊《ひそ》かに比較せん事恐れ有り。されば民間に行はるゝ日本新聞紙の濫《らん》觴《しょう》は此中外新聞なりと言はんも亦過当には非《あらざ》るべき歟《か》（濫觴は、ものごとの始まり・起源を意味する）

この年二月二十三日、新政府は『太政官日誌』を創刊した。太政官布告、各種の人事、新政府軍の動向などを一般に周知するのが目的だった。その意味で、『官報』の前身と言える。『中外新聞』にはここに引いた文章が載った同じ第九号に「僅《わずか》に一ヶ月の間既に購求する人千五百名に及べり」と、『中外新聞』の人気ぶりを自賛した記事が載ったことは前に紹介した。たしかな手応えを感じつつ、西欧の新聞事情を知る柳河は、「朝廷の公告」を本来の新聞とは考えなかったのだろう。この日の文章で柳河は、日本における新聞の歴史は、わが『中外新聞』によって始まったという自負を語ったのである。

「日本開化いまだ足らざるの故」

柳河の自負が正しいものだったかどうかについては、記事の具体例を検討する必要があるが、英字新聞の翻訳ではなく、自前の情報も相当掲載されていることはたしかである（くわしくは、前掲『幕末明治　新聞ことはじめ——ジャーナリズムをつくった人びと』第3章を参照してほしい）。ここでは、本章の主題である新聞創成期との関連で、柳河の論説に注目したい。

柳河を中心とする洋学者グループは、『中外新聞』の成功を受けて、別に『中外新聞外篇』を創刊する。編集・執筆の中心となったのは、前に『公私雑報』の製作者の一人として挙げた渡辺（部）一郎だったが、むろん柳河も深くかかわった。四月はじめから刊行がスタートし、約三カ月間に二十三号まで出した。その巻之二に「持平論」と題した論説が載っている。筆者名はないが、柳河と考えていいだろう。

論説はまず、「徳川氏独り政権を専らにせしかば其勢過重なり。故に諸侯多く之に服せず」と書き出す。『中外新聞外篇』巻之二の発行は四月としか分からないが、会津藩を中心とした奥羽越列藩同盟が成立するのが、五月三日。戊辰戦争が会津戦争に向かって急展開していた時期である。論説は次のように続く（傍点は引用者）。

（王政復古がなされたことで）之より軽重宜《よろ》しきを得て国務大に治まるべき機会ありしを惜哉《おしいかな》、日本開化いまだ足らざるの故にや、所謂《いわゆる》三藩なる者俄《にわか》に政権を擅《ほしいまま》にせんとするの心を生じたれば、竟《つい》に正月三日の戦争を生ずるに至れり

ここで「三藩」は薩摩・長州・土佐を指す。徳川慶喜が大政奉還して王政復古となり、国政が安定するはずのところを、この三藩が政権を独占しようとした結果、鳥羽伏見の戦いが始まってしまったというのである。論説はさらに三藩が会津戦争に打ち勝ち、日本国中を支配する状況を見据えて、警告する（傍点は引用者）。

是れ天下を治むるの道に非《あら》ず。且《か》つ外国交通の世に在りては決して行ふべからざることなり。我いまだ禍乱の底止する時を知らず

薩摩・長州・土佐の三藩を批判し、王政復古を徳川慶喜の大政奉還の結果とするあたりが「佐幕派新聞」と呼ばれる所以だろう。だが、ここではその当否ではなく、柳河が「日本開化いまだ足らざる」「外国交通の世」と述べていることに注目したい。ここには、文明開化に向かうべき「世界の中の日本」という時代認識が明確に読み取れる。柳河は、そうした時代の流れに棹さすものとして「日本新聞紙の濫觴」である『中外新聞』を創刊したのである。

しかし、こうした柳河の新聞の役割への認識は時代の先を行きすぎていたと言うべきかもしれない。だが、「プレ新聞」を「不埒」として敵視していた明治新政府は、間もなく、柳河と同じ認識のもと、新聞の役割に着目することになる。

新聞紙印行条例

明治二年（一八六九）二月、政府は新聞紙印行条例（以下、明治二年条例）を発布する。この条例は、開成学校告知というかたちで出された。文部省が発足する以前、一時期、開成学校（他のいくつかの組織とともに東京大学につながる教育機関）が出版物にかかわっていたためである。内容的には日本における新聞に関する最初の包括的な法令と言っていい。

先にふれた町触とそれを受けた太政官布告（新聞紙私刊禁止布告）が出されてから八ヵ月ほどたっている。町触や新聞紙私刊禁止布告が何よりも「不埒」な新聞（プレ新聞）を「お上」が取り締まるという内容だったのに対して、この条例は細かな規定を設けて、全体として新聞を統制する目的で出されたものである。当然、取締りに関する条文はあるが、「不埒」といった切り捨てではない。新聞が掲載すべき事項についてくわしく例示した後、具体的に禁止すべきことが示されている。つまり、この条例は、社会における「新聞」の役割を前提にした条例なのである。ここには町触や新聞紙私刊禁止布告とは明らかに違う「新聞」に対する重要な視点の転換がある。

条例は、本則八条、付録五条からなる。次は、冒頭の三条。

各箇ノ新聞紙ハ宜《よろ》シク各箇ノ表題アルベシ
表題ヲ以テ開版免許ノ上ハ毎号検印ヲ受クルヲ要セズ、只《ただ》出版即日二部ヲ官ニ収ムベシ
各号毎ニ、出版ノ処、年月日、編輯人若《も》シクハ出版者ノ姓名、及各号ノ号数ヲ載スベシ

一つ目と三つ目の条項は、ごく形式的な内容である。二つ目は、事前検閲ではなく、事後検閲を規定している。五つ目は、掲載すべき事項を列挙している。

一切天変地異、物価、商法、政法（不レ許三妄《みだりに》加二批評一）、軍事（其説錯誤而不レ改者有レ責）、火災、嫁娶《かしゅう》、生死、学芸、遊宴、衣服、飲食、諸種ノ官報、洋書ノ訳文、海外ノ雑話、凡《およ》ソ事ノ世ニ無レ害者ハ皆記載スベシ

「商法」と「政法」は「法律」ということだけではなく、経済と政治の全般を指す。「嫁娶」は「嫁取り」、つまり結婚のことだが、一般的な結婚が掲載の対象だったはずはないから、知名氏の結婚を指すのだろう。「政法」と「軍事」については、カッコ内で規制をかけているが、要するに「凡ソ事ノ世ニ無レ害者ハ皆記載スベシ」なのである。
取締りという点では、最後の二つの条項にごく簡単に記されている。

新聞紙中人ノ罪ヲ誣告《ぶこく》スルコト厳禁ナリ

妄《みだ》リニ教法ヲ説ク事ヲ許サズ

「誣告」は、故意に事実を偽って人を謗《そし》ることである。「教法」は宗教の教義を指す。新聞に関する法令は、この後、明治四年（一八七一）に初めてその名で出された新聞紙条例（以下、明治四年条例）以降、明治八年（一八七五）の新しい新聞紙条例（以下、明治八年条例）などを経て、明治四二年（一九〇九）制定の新聞紙法に至る。この過程で、新聞発行に際して必要な保証金制度や発行停止処分の詳しい規定が加わるなど、新聞に対する規制は強まっていく。

新聞への規制という点では、明治八年条例と同時に布告された讒謗律《ざんぼうりつ》がよく知られているだろう。新聞だけでなく広く言論活動を対象にしたものである。「讒毀《ざんき》」と「誹謗《ひぼう》」が処罰の対象となった。「讒毀」は「凡ソ事実ノ有無ヲ論ゼズ人ノ栄誉ヲ害スベキノ行事《こうじ》ヲ摘発公布スル者」、「誹謗」は「公事（行動）」に関係なく、「悪名ヲ以テ人ニ加ヘ公布スル者」である（第一条）。

ここで注目したいのは、明治二年条例と讒謗律とでは、「事実」との関係が異なることである。前者における「誣告」は、故意に事実を偽ることが前提なのに対して、後者では事実の有無には関係なく、処罰の対象になる。現在の刑法・民法における名誉毀損の概念は、言動や言論が対象人物の社会的評価を低下させるものかどうかが判断の基準である。この点は「事実」との関係だけで言えば、「事実ノ有無ヲ論ゼズ」とした讒謗律と同じである。明治二年条例では故意に事実を偽ることが、当該言論を禁止する前提だったわけだが、讒謗律になると「故意」はむろんのこと、「事実ノ有無ヲ論ゼズ」になった。

現在の民法・刑法の名誉毀損の概念と同じであることから分かるように、讒謗律は明治二年条例に比べてより進んだものになっている。一方、明治二年条例は、近代法として未熟なものだったと言えるだろう。だが、この時期の明治政府は、『中外新聞』が論じたと同じように、現状を「日本開化いまだ足らざる」と考え、文明開化を進めることこそ新聞のもっとも重要な役割と考えていた。明治二年条例は、最初に新聞が報道するべき事項を列挙した後、簡単に禁止事項を規定しているところに明治政府の姿勢がはっきり読み取れる。

　こうした明治二年条例の構成は次にふれる明治四年条例によって、いっそう鮮明になる。その後、自由民権運動が活発化する中、讒謗律は同じ日に公布された明治八年条例とともに言論弾圧の有力な武器となる。かつての町触の「不埒」という上から目線の敵視とは違うレベルで、新聞は厳しい統制のもとにおかれる。その際、「事実ノ有無ヲ論ゼズ」という讒謗律の条文が大いに力を発揮する。しかし、明治二年条例から明治八年条例と讒謗律に至る短い期間、かつて柳河が『中外新聞』で説いた新聞に対する認識は官民で共有されていた。そうした背景のもと、新聞創成期が現出したのである。明治四年条例を詳しくみていこう。

新聞への熱い期待

明治四年条例は明治四年（一八七一）七月、明治二年条例に替わる新しい新聞紙条例として公布された（太政官布告第三五二号）。第一条目は高らかに新聞の役割をうたう。

新聞紙ハ人ノ智識ヲ啓開スルヲ以テ目的トスベシ

明治二年条例にはなかった条項である。そして、この先、明治八年条例以降、明治四二年（一九〇九）制定の新聞紙法に至るすべての新聞に関する法令に、こうした文言は一度たりとも登場することはない。続く第二条は、さらに具体的である。

人ノ智識ヲ啓開スルハ、頑固偏隘《へんあい》ノ心ヲ破リ文明開化ノ域ニ導カントスル也。故ニ内外ヲ問ハズ所有ノ事実ヲ記シ、博ヲ約ニシ遠ヲ近フシ、以テ観者ノ聞見ヲ広メ国家為治ノ万一ニ裨益《ひえき》アランヲ要ス

この時期、走り出したばかりの明治新政府は、さまざまなかたちで文明開化に取り組んでいた。ここにあげた二つの条項は、その政府が、新聞の役割について持っていた熱い期待を伝えて余すところがない。どういう人が起草したのかは分からないが、このように起草者の肉声が聞こえてくるような法令は後にも先にも例がないのではないだろうか。

続く第三条は、明治二年条例の五条目をさらに拡充して、新聞が報道すべきものを列挙している。ここにも新聞の役割への期待が込められていると言っていいだろう。煩雑をいとわず、政府の熱い思いを知る意味で、次にこの条文の全文を引く。

政法職制ノ沿革、百官庶司ノ昇降、土地人民ノ分合増減、号令、法度、軍事、刑法ヨリ、天変地異、風雨水旱、疾疫、盗賊、豊凶、生死、又ハ農工商販ノ諸業、貨幣物価ノ高低、造工新器、学芸詩歌、衣服飲食、昆虫草木、薬剤物産、贈答書牘《しょとく》ノ類、其他諸種官報、洋書訳文、海外雑事等、凡《およそ》人事ニ関スル処、物類ノ生ズル処、国政人心ニ害ナキ者、新聞ニ従ヒ記載スルモ妨《さまたげ》ナシ

よく並べたものよと感心してしまう。最後に「国政人心ニ害ナキ者」とあるけれど、要するに、世の中のことで新聞《ニュース》があれば、みな新聞に載せていいということである。

「あるべき新聞」像を示す

当然のことながら、新聞の取締りについての条項はある。たとえば、「政法ヲ記シテ毫《ごう》モ謗議《ぼうぎ》ニ渉《わた》ルノ語ヲ禁ズ」といった、明治二年条例を受け継ぐかたちのものが並んでいる。だが、それらに先行して掲げられている次の条項に注目したい。

維新以来更ニ海外諸邦ト交親ヲ厚フスルヲ以テ、諸邦ニ対シ不敬ナル字面、或ハ彼ヲ知ラズシテ自ラ誇大ニスルノ文字等有レ之間敷事

あたかも柳河春三が「外国交通の世」という文脈で新聞の役割を考えていたことに呼応する内容

ではないか。

取締り条項が続いた後、文明開化を進める新聞の役割にかかわる条項がふたたび掲げられる。法令として整理されていないと言えるが、やはりここにも新聞の役割への期待が込められている。そこでは「人心ヲ警発シ勧戒トナルベキコト」や「新発明ノ器具」など「世ノ益ニナルベキコト」を積極的に掲載することが奨励される。

このほかにも明治八年条例など以後の新聞に関する法令では見ることができない条文がいくつもある。それらからは、新聞というものを世に広めたいという政府の強い願いが伝わってくる。


雑談諧謔《かいぎゃく》、事ニ害ナクシテ人ノ一笑ヲ発スル事等記載スルモ亦妨《さまたげ》ナシ。但《ただし》、淫蕩《いんとう》ヲ導クノ語アルベカラズ

「お笑いネタ」も載せていい。でも、酒色におぼれるようなこと（淫蕩）につながる言葉は使ってはいけないという。

政府の考える「あるべき新聞」像の提示は、新聞文章の書き方にも及ぶ。政府による「あるべき新聞文章」の手ほどきと言っていい内容である。


文ハ極《きわ》メテ平易ナルヲ主トス、奇字僻文《へきぶん》ヲ用フベカラズ

分かりやすい文章を心掛けよ、一般には使わない難しい文字や方言はやめろという。政府としては、識字能力の高い士族層以外に広く新聞を読むようにしたかったのである。「文章の手ほどき」は、さらに具体的に展開される。「新聞紙ヲ撰スルハ」（新聞を編集するには）という同じ書き出しの二つの条項が続く。

……一部ノ正史ヲ作ルト見做《みな》スベシ、然《しか》ルトキハ率易《そつい》妄誕《もうたん》ノ患《うれい》少シ。亦《また》一部ノ稗官《はいかん》小説ヲ作ルト見做スベシ、然ラザレバ方正板実ニ過ギテ里巷《りこう》ノ耳目ニ適シ難《がた》シ

……務《つと》メテ読者ヲシテ倦《う》マザラシメンコトヲ要ス。然レドモ無ヲ有トシ虚ヲ実トシ人心ヲ煽動シ衆耳ヲ掩惑《えんわく》スル等ノ如キ造説ヲ禁ズ

内容を現代文に意訳しつつ、アレンジしてみよう。

（新聞を編集する際には）正式の歴史を残すつもりでいるべきだ。そうすれば、うっかりミスやでたらめな記事を載せてしまう心配は少ない。とはいえ、民間に出回る小説を書くつもりでいることも大切である。そうでないと、真面目すぎて世間の人々の関心に応えることが難しくなる。読者を飽きさせないようにすることが必要である。そうは言っても、無いことを有ることにしたり、虚構をでっち上げて人心を煽ったり混乱させるような作り話を書いてはならない。

明治四年条例は、つまりは「文明開化を進める有用な道具として、新聞を認識し、こんな新聞を

作ってほしい」と、政府自らが「あるべき新聞」像を手取り足取り民間に教えるものだった。それに応えるようにして、『横浜毎日新聞』などが次々に創刊され、新聞創成期が現出するのである。

県知事の働きかけで創刊

幕末の「プレ新聞」とは違う質を持つ、日本における近代的新聞の嚆矢《こうし》とされるのは『横浜毎日新聞』であることには、すでに何度かふれた。『横浜毎日新聞』の創刊は、明治三年一二月八日（一八七一年一月二八日）である。政府が、文明開化に資する「あるべき新聞」の姿を明確に提示した明治四年条例を公布したのが、明治四年（一八七一）七月。創刊はこれに先立つこと半年余りである。

『横浜毎日新聞』が創刊された横浜の地は、幕末に開港地となった。各国の居留地ができ、彼らに向けた居留地新聞がいくつも刊行されていた。『横浜毎日新聞』の生みの親は、当時の神奈川県知事・井関盛艮《もりとめ》である。井関は四国・宇和島藩出身。宇和島藩の藩主は開明派として知られた伊達宗《むね》城《なり》だった。宗城は維新後、短期間、議定など新政府の要職にあり、井関は宗城に従うかたちで新政府に出仕し、外国事務局、外務省に勤めた後、明治二年（一八六九）一〇月、神奈川県知事となった。

井関が具体的に新聞創刊に向けた動きをいつから始めたかは分からない。だが、神奈川県知事就任は、明治二年条例公布と同時期である。彼は、中央政府の新聞に対する考え方の変化を知る立場にいただろう。外国の事情に通じていたこともあって、翻訳・筆写新聞や「プレ新聞」とは違う、居留地の外国語新聞と同じような日本語による新聞の必要性も痛感していたに違いない。井関は、貿易にかかわる商品の情報を必要としているはずの横浜の貿易商たちに新聞創刊を説いた。日本における最初の近代的新聞とされる『横浜毎日新聞』は県知事の働きかけで創刊されたのである。この事実は、間もなく始まる新聞創成期の時代的な状況を如実に語るものと言えよう。

鉛活字・日刊

新聞創成期の第一走者となった『横浜毎日新聞』について、もう少し記す。本書のテーマとしてはいくぶん寄り道だが、「報道される天皇」と対になる「報道する側」誕生の歴史のひだを伝えておきたい。

井関は、西欧の新聞と同じかたちの新聞を刊行するためには印刷における技術革新の必要性を理解していた。翻訳・筆写新聞はその名の通り、外国語の新聞の記事を翻訳して、筆写したものだった。「プレ新聞」の時期になると、木版（製版）で摺ったものも登場する（先にふれたように、『中外新聞』は例外的に木活字を使っていた）。江戸期における木版の技術的達成度は、驚くほど高い。だが、彫り上げるには時間がかかるうえに、版が摺り減ってしまうので、大量の印刷はできない。木活字は木版に比べれば、効率ははるかにいい。しかし、やはり耐久性に難点があった。「西欧型新聞」をめざすためには、そこで使われている鉛活字（鉛・アンチモン・錫による合金で鋳造した活字）が必要だった。

日本における鉛活字の歴史は本木昌造《もときしょうぞう》から始まる。本木の鉛活字鋳造の成功とその商品化の過程については本書ではふれないが、井関は本木と旧知の仲だった。*本木は長崎で鉛活字を使った印刷所（活版所）を開き、成功した後、横浜に進出し、横浜活版社を設立した。『横浜毎日新聞』は、この横浜活版社から発行された。編集の実務は、井関の求めで、神奈川裁判所大訳官だった子安《こやす》峻《たかし》が当たった。

*本木昌造については、前掲『幕末明治 新聞ことはじめ――ジャーナリズムをつくった人びと』の「間奏その3 鉛活字の誕生まで――本木昌造」を参照。

『横浜毎日新聞』は、日本で最初の近代的新聞――本書でもそのように書いてきたのだが――の「栄光」を担っている。ところで、「近代的新聞」という言い方は実のところ相当にあいまいである。何を以て「近代的」とするのかの指標が、本来明示されなければならないだろう。むろん、これまでにも「プレ新聞」との比較において、その点についてふれて来なかったわけではない。内容の点はひとまずおくとして、形態の面で、①半紙を二つないしは四つ折りにした冊子体ではなく、現在の新聞とほぼ同じ大きさの洋紙を使った一枚摺り②日刊ないしは日刊に近いかたちでの定期刊行③鉛活字を使った印刷――といった要素が通常指摘される。

『横浜毎日新聞』についても、「日本で最初の鉛活字を使った日刊新聞」といった言い方がされるのがふつうである。だが、創刊当初について言えば、これは正しくない。創刊の船出は必ずしも順調だったわけではなかった。まず、日刊について。日刊が実現したのは創刊から一カ月ほど経ってからだった。次に、鉛活字について。井関が当初から鉛活字による刊行を目指していたことは間違いない。だが、創刊号（図版3）は洋紙一枚の裏表を使った二ページだが、すべて木活字が使われている。創刊号をはじめとする現存する『横浜毎日新聞』の紙面の原紙を精査した印刷史研究者の桜井孝三によると、『横浜毎日新聞』で鉛活字が使われ始めたのは明治五年（一八七二）九月二六日からである（桜井幸三「『横浜毎日新聞』は木活字で創刊——横浜の印刷技術史変遷史1」）。井関が鉛活字の使用を考えていたにもかかわらず、なぜ創刊以来相当な期間、鉛活字は使われなかったのだろうか。定期刊行される新聞に即応するために必要な鉛活字がまだ十分に用意できなかったためと思われる。

こうした形態面のほか、内容もまだまだお粗末だった。図版3を見て分かるように、記事面には空白が目立つ。現在の新聞のように横罫線ではなく、縦の線で記事を区切っている。これはおそらく英字新聞のスタイルに準じたのだろうが、記事は縦書きだから、読みにくい。

図版3　『横浜毎日新聞』創刊号の1面

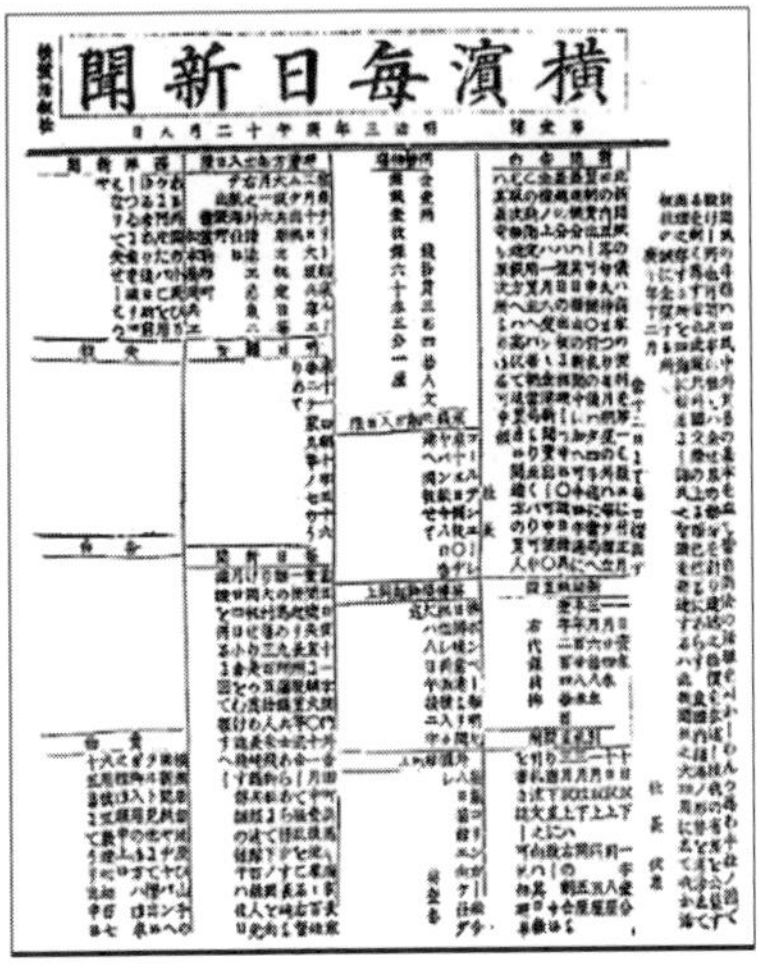

紙面の右端は末尾に「社長　伏稟」と署名がある「創刊の辞」とも言うべき内容である（「伏《ふく》稟《ひん》」は「伏して申し上げる」という意味）。横浜の貿易商たちの出資によって創刊されただけに、「新聞紙の専務」として、「四民中外貿易の基本を立て皆自《みずから》商法の活眼を開かしめんが為《た》め」と記している。

創刊段階ではまだまだ「お粗末」と言わざるを

えない「日本における最初の近代的新聞」が「報道される天皇」とかかわるのは、もう少し先のことである。

木戸孝允と『新聞雑誌』

明治四年条例で「あるべき新聞」像を示した政府は、その実践にも取り組んだ。そこでは、政府の重鎮の一人、木戸孝允が大きな役割を果たした。木戸は国民統合のために新聞が果たす役割に早くから注目していた政府内の開明派だった。

明治三年（一八七〇）一二月八日付の木戸の品川弥二郎宛書簡が『木戸孝允文書』（第四）にある。品川は当時渡欧中だった。「皇国開化」がなかなか進まないことを嘆き、木戸は開化を加速させる手段として「新聞局を相開《あいひら》かせ度《たく》」と次のように提案している。

> 内国之事は元より外国之事も尽《ことごとく》我人民之心得に相成候様之事は総《すべ》て記載させ偏国偏藩に至るまで流布 仕《つかまつり》候 様《そうろうよう》いたし候へば自然と人民誘導之一端とも相成可申候《あいなりもうすべく》

新聞局を作り、国内はもとより外国のことまで、人民の心得になりそうなことを全部記載させ、辺地の国や藩まで広めれば、人民を誘導する一端になるでしょう、というわけである。誘導する先は、むろん開化である。

この木戸の書簡で注目すべきは、「政府之事と雖《いえど》も不条理にて可論事《ろんずべき》は少々為論《ろんをなす》候位之方よろしき歟《か》」と述べている点である。少々の政府への批判は、あった方がいいというのだ。

こうした考えを持っていた木戸のイニシアチブで、明治四年（一八七一）五月、『新聞雑誌』が創刊される。木戸は多額の出資をしたが、直接かかわることは避けた。木戸は自らがかかわることで、『新聞雑誌』が政府機関紙とみられるのを避けたともいう。経営の実務は、信頼していた旧萩藩士の山県篤蔵《やまがたとくぞう》にゆだねた。木戸は同年一一月、岩倉具視を特命全権大使とする岩倉使節団の副使として米欧を歴訪するために日本を離れたが、『新聞雑誌』は発行を続けた。

判型は半紙を二つ折りにした冊子体で、形態面では「プレ新聞」を受け継いでいた。しかし、当初は木活字を使っていたが、創刊翌年の明治五年一月からは基本的に鉛活字を使いだし、五月には鉛活字に完全に移行した。鉛活字の使用という点では、『横浜毎日新聞』よりいくぶん先行している。

ただ、創刊した明治四年五月は二回のみ刊行、以後もしばらくは月三回が続く。刊行頻度では、創刊から一月ほどで日刊となった『横浜毎日新聞』には及ばない。それでも刊行は次第に増え、明治六年八月以降は月十回以上、翌年二月からは隔日刊となる。さらに、明治七年一二月末までに三百五十七号を発行し、翌年一月二日から『あけぼの』と改題して日刊となった。同時に、判型も洋紙一枚刷りに変わる。

『新聞雑誌』創刊号には、「緒言」と題する「創刊の辞」が載っている。「凡《およそ》天下ノ物事日ニ新《あらた》ナルニ、我未《いま》ダ見聞セザルコトヲ知テ吾《わが》知識ヲ広ムルヨリ楽シキハナシ」と書き出した一文は、当初、貿易商向けの情報紙としてスタートした『横浜毎日新聞』の「創刊の辞」に比べると、一般民衆を

「文明開化」へ導く、上から啓蒙を担う新聞の役割が強調されている。品川宛の書簡で、木戸がめざした新聞の有用性は、まさにこの点にあった。次の部分にそれが色濃く表現されている。

今官許ヲ受テ新聞紙局ヲ開キ、太政ヲ始メ、諸府藩県ノ変革《へんかく》、又里巷ノ瑣事《さじ》、外国ノ異聞マデ、見聞ニ随《したが》ヒ刊行スルハ、我日本国中ノ人々ト新知ヲ開クノ楽《たのしみ》ヲ同《おなじく》シ頑《かたくな》ナル心僻《ひが》メル事ヲ棄《すて》ントテナリ

『東京日日新聞』の創刊

『横浜毎日新聞』と『新聞雑誌』の創刊は既述のように、ともに政府(行政)とのかかわりが明確に見られる。官主導と言っていい。

この時期に創刊された主要紙を改めて整理しておこう。

『横浜毎日新聞』	明治三年一二月八日
『新聞雑誌』	明治四年五月
『東京日日新聞』	明治五年二月二一日
『日新真事誌』	〃　三月一七日
『郵便報知新聞』	〃　六月一〇日
『公文通誌』	〃　一一月一三日

『朝野新聞』　明治七年九月二四日（『公文通誌』改題）
『仮名読新聞』　明治八年一一月一日
『読売新聞』　〃　一一月二日

以上は、東京で発行された主要紙である。このうち、『郵便報知新聞』は、明治政府の駅逓頭《えきていのかみ》だった前島密《まえじまひそか》の働きかけで創刊している。前島が資金的な援助をしたかどうか分からないが、やはり官主導の要素がみられる。ちなみに、よく知られているように、前島は日本に郵便制度を導入したことで、「近代郵便の父」と呼ばれる。新聞の重要性に早くから着目し、駅逓頭として、明治六年（一八七三）七月には、新聞原稿を送る際の郵送料を無料にした。天皇の巡幸に随行した記者が送る原稿も当然無料となった。これは「報道される天皇」と少なくないかかわりを持つ措置である。

東京発行紙のほか、後にふれるように、この時期、全国各地で新聞が続々と誕生する。そのさまは、新聞の質的レベルの多様さを含めて、「雨後の竹の子」といった表現がぴったりである。ここでは、「報道される天皇」に深くかかわることになる『東京日日新聞』の創刊を詳しく見ておきたい。この時期、官主導ではない新聞創刊もあったことが分かる（以下は、『「毎日」の3世紀——新聞が見つめた激流130年』上巻、今吉賢一郎『毎日新聞の源流——江戸から明治　情報革命を読む』による）。

「壬申　正月八日」の日付が入った墨書書きの一枚の文書がある。「壬申」は明治五年（一八七二）である。冒頭に「覚」とあって、「日日新聞　毎日出板　一枚摺」の一行が続く。『東京日日新聞』創刊の一カ月ほど前である。末尾に、「編輯人並出板願人　条野伝平」「出板願人　西田伝助」「同　落合幾次郎」という三人の署名捺印がある。これは、三人が『東京日日新聞』発行のために大蔵省に提出した願書の控えないしは下書きと思われる。

条野は山々亭有人《さんさんていありんど》と号した戯作者である。西田は浅草・蔵前の札差《ふださし》の家に生まれたが、家は廃業した。鼓丁《こてい》、菫坡《きんぱ》などの俳号を持つ俳人で、戯作、演劇、書道などにも通じた粋人だった。落合は芳幾《よしいく》の名で知られた浮世絵師である。美人画を得意とした。いずれも武士階級ではなく、江戸の文化を担う町人だった。

三人は維新前から交流があった。「酔狂連」という三題噺で遊ぶ会が、条野と落合が中心になって作られていた。「連」は、江戸期の粋人・通人が集うコミュニケーションの場であり、さまざまなかたちの「連」があった。『東京日日新聞』は、この「連」的つながりから生まれたのである。三人の間で新聞発行の話が出たのは、創刊前年の明治四年（一八七一）一〇月ごろだったという。明治四年条例公布がこの年七月だから、政府が「あるべき新聞」像を打ち出した条例のことを三人は当然知っていただろう。すでに創刊されていた『横浜毎日新聞』にも刺激を受けていたはずだ。

キーパーソン・杉浦譲

もっとも、この三人だけでは新聞発行はおそらく実現しなかっただろう。杉浦譲《ゆずる》がキーパーソンだった。一万号になった明治三七年（一九〇四）一一月一〇日の『東京日日新聞』に、西田に聞き書きした「三十三年前日報社創立談」が載っている（「日報社」は『東京日日新聞』の発行元）。それによると、時は明治四年一〇月のある日の暮れ方、舞台は現在の東京都中央区日本橋人形町一丁目にあった貸本屋である。当時の貸本屋は出版の世界と深くつながった商売で、目利きの店員がいて、新刊書を得意先に貸し出していた。西田はそこで番頭をしていた。

西田が店番をしているところに条野と落合がふらりとやってきた。条野が旧知の杉浦譲のフランスでの見聞話を二人に話した。杉浦は甲府勤番同心の家に生まれ、文久三年（一八六三）の幕府外交団の一員としてフランスに派遣され、慶応三年（一八六七）にもパリ万国博覧会に派遣された徳川昭武（清水徳川家当主）の随員としてフランスに渡航している。帰国後、新政府で民部省改正掛を振り出しに、駅逓権正として前島密とともに郵便制度の設立にかかわるなど、多くの改革に参画した。『江湖新聞』の福地源一郎と親しく、その関係で条野とも交遊があった。

フランスの新聞事情に詳しかった杉浦は、「パリの街では新聞を浮床《うきどこ》で売っている。日本でも浮床をやったら新聞が売れるだろう」と条野に話した。浮床は街頭の新聞即売スタンドである。条野の話を聞き、三人は「ひとつそれをやってみよう」ということになったのだという。

西田は「日報社創立談」で、「千枚づゝも売れたら活計《くらし》の助けにもなるだらう位《ぐらい》のつもり」で始めたと語っている。もっとも、この表現は、江戸の粋人らしい韜晦《とうかい》だっただろう。西田は落合とともに『江湖新聞』の経験もあり、新聞の役割もよくわかっていたはずだ。もちろん、明治四年条例が公布されたばかりの時期である。いまのご時世、新聞商売はねらい目だと思ってもいただろう。そんな中で杉浦から聞いた浮床での新聞販売の話だった。「これはいける」と考えたに違いない。

杉浦は、新聞発行の願書に先立ち、浮床の設置を政府に働きかけて、いい感触を得ていたという。

西田は「日報社創立談」では、杉浦からパリの浮床の話を聞いたことしか語っていないが、杉浦は浮床のことだけでなく、新聞発行を勧めたと思われる。先に述べた願書の控えないしは下書きと思われる文書とは異なる「東京日日新聞創業免許願書」も、杉浦が残した膨大な文書群（『杉浦譲関係文書』国立国会図書館憲政資料室所蔵）の中に残っている。願書は杉浦が書いたのだろう。このほかにも、同文書には「日報社員約条」「日報社規則考案」「日報社益金配分案」もある（『杉浦譲全集』第三巻）。杉浦が創刊時だけでなく、その後もいろいろ『東京日日新聞』にかかわっていたことがうかがえる。

この時期、杉浦は太政官正院に出仕していた。後に内務省に移り、地理局長を務め、地租改正事業に尽力した。明治一〇年（一八七七）、四十一歳で死去する。杉浦のような政府部内の改革派と江戸文化を担う条野ら三人の結びつきから生まれたのが『東京日日新聞』だった。*

＊『東京日日新聞』は、明治四四年（一九一一）三月、『大阪毎日新聞』と統合する。現在の『毎日新聞』の源流の一つである。

政府の手厚い保護

新聞発行を奨励し、「あるべき新聞」像を提示する明治四年条例を公布した政府は、言葉の上だけでなく、実質的にも新聞発行と普及を後押しした。明治五年（一八七二）三月二七日、政府は、『新聞雑誌』『東京日日新聞』『横浜毎日新聞』の三紙を買い上げ、各府県に配ることにした（大蔵省達四十七号）。「新聞を暢達、智識進歩の一端」とするためとした。

この布達が出された明治五年三月、府県数は三府七十二県合計七十五である。三部ずつだから、一紙あたりの政府買上げ部数は二百二十五部になる。大蔵省は諸官庁にも新聞を配布していたから、政府全体の新聞買上げ部数は三百部近くあったと思われる（佐々木隆『日本の近代14　メディアと権力』）。

この時期の新聞発行部数について正確な統計はない。『東京日日新聞』創刊号は約千部発行したという（『「毎日」の3世紀——新聞が見つめた激流130年』上巻）。『新聞雑誌』は、明治五年一月発行の第七十三号の記事によると、発行部数は五千余部である。『東京日日新聞』創刊段階だと、政府買上げ分は三〇パーセントに達する。『新聞雑誌』の五千部でも六パーセントになる。『東京日日新聞』も明治六年七月には四千七百部に達している（『「毎日」の3世紀——新聞が見つめた激流130年』別巻）。政府買上げへの依存率はかなり低くなっただろう。だが、いずれにしろ創刊間もない新聞にとって、政府買上げは経営上の大きな支えになったはずだ。

この政府買上げは、明治七年三月までに六紙に増える。これまでの三紙に加えて、『日新真事誌』『郵便報知新聞』『公文通誌』が加わった。

創刊ラッシュは全国で

政府の方針を受け、地方でもさまざまなかたちで新聞購読奨励策がとられた。たとえば、新治《にいはり》県（現在の茨城県南部と千葉県東部の一部）は、明治五年（一八七二）八月、新聞紙購読を勧誘する布達を出している（『言論とメディア　日本近代思想大系11』所収）。『新聞雑誌』『東京日日新聞』『横浜毎日新聞』『郵便報知新聞』の名前を挙げて、「右新聞紙相渡《あいわたし》候。不レ漏様《もれざるよう》毎数書面に認置《したためおき》、当庁へ可二申出一候《もうしでるべく》」としている。通知先は不明だが、おそらく戸長役場に対して出されたものだろう。こういう新聞が出ているので、必要な部数を申し出れば、仲介するというのである。新聞については、前段で例によって、文明開化に果たす役割が強調されている。これは明治四年条例の内容に沿ったもので、この時期、新聞を語るときの常套句と言っていい。

この種の通達は、形式・内容に差異はあったにしても、文明開化と新聞についての常套句を含むかたちで、各地で出されたはずだ。新聞の購読勧誘のほか、新聞の発行を促す動きが、地方レベルでもさまざまに行われたに違いない。これを教えてくれるのが、『明治史要』の「付録概表」に収録された「新聞紙表」（表3）である。同書は太政官修史局が編纂して明治一二年（一八七九）に刊行されたもので、「文部省報告図書費ニ拠ル」として、元治元年（一八六四）から明治六年（一八七三）までに発行された新聞を一覧表にしている（参照したのは、「参考文献一覧」に記した昭和八年に東京帝国大学史料編纂所が修補したものであるが、「新聞紙表」には修補はない）。

総数は百十五（表3では、「年月未詳」と「年月地名未詳」の分は一部省略した）。「新聞紙表」とあるが、内容や刊行形態は分からない。名称から見て、一般読者を対象にしたものではない刊行物も含まれているようだ。「明治五年」分が「明治七年」の後にまた出てくるといった並び順の混乱もある。発行年月も『横浜毎日新聞』が「明治六年五月」になっているなど、正確ではない。『日新真事誌』が『貌刺窟新聞*』の名称でも登場しているなど、名称が変わったものが二重に挙げられているケースもある。

＊『日新真事誌』は創刊時から、この名前で刊行されている。主宰者がイギリス人のジョン・レディ・ブラックだったため、題字の横に『貌剌窟』（「ブラック」と読ませた）と記していたため、『貌剌窟新聞』と呼ばれることもあった。『日新真事誌』とブラックについては、奥武則『ジョン・レディ・ブラック――近代日本ジャーナリズムの先駆者』に詳しい。

また、この期間に発行された「新聞紙」をすべて網羅しているわけではない。たとえば、新潟県については、この表では『新潟新聞』が明治四年（一八七一）一一月に発刊されているが、同県では明治五年三月に『北湊新聞』が創刊されている。また、京都では表にある明治四年六月発刊の『京都新聞』の後、翌年九月に『京都新報』が創刊されている（いずれも『地方別日本新聞史』による）。

しかし、こうした正確性・網羅性に問題があるとしても、この表から、この時期、驚くほどの数の「新聞紙」と呼ばれるものが発行されていたことが分かる。慶応四年（一八六八）発行のものは『中外新聞』など、本書が「プレ新聞」と呼んだものである。明治以降、発行年が分かるものを年別に数えると、次のようになる。明治四年条例が大きなきっかけとなったことは明らかである。

▽明治四年　十二
▽明治五年　三十一
▽明治六年　四十三
▽明治七年　三十一

さらに注目すべきは、発行地である。東京が圧倒的に多いのは当然として、全国各地に広がって

名　前	創刊年月	発行場所	名　前	創刊年月	発行場所
四十八字新聞	明治6年5月	神奈川	磐前新聞	明治6年4月	磐前
高知新聞誌	明治6年5月	高知	長野新聞	明治6年4月	長野
福岡新聞	明治6年5月	福岡	毎日新聞	明治6年4月	神奈川
海外新聞	明治6年2月	〇〇	京都新報	明治6年4月	京都
滋賀新聞	明治6年4月	滋賀	博覧新報〇付録	明治6年6月	京都
石川新聞	明治6年4月	石川	京都療養院新聞	明治6年6月	京都
新治新聞	明治7年4月	新治	大分一週新聞	明治6年7月	大分
法理雑誌	明治7年5月	東京	白川新聞誌	明治6年8月	白川
五洲雑誌	明治7年4月	神奈川	英政新聞	明治6年9月	東京
絵新聞日本地	明治7年4月	神奈川	書抜新聞	明治6年11月	〇谷
新聞通誌	明治7年4月	東京	解訳新聞誌	明治6年12月	東京
千葉新聞輯録	明治7年6月	千葉	三濱新聞	明治7年2月	三濱
長野毎週新聞	明治7年6月	長野	教会新聞	明治7年2月	東京
〇〇新聞紙	明治7年7月	東京	栃木新聞	明治7年3月	栃木
新聞雑紙	明治7年7月	浜田	求諸巴斎講義	明治7年11月	東京
報四叢談	明治7年7月	東京	日新集説	明治7年11月	東京
普通新聞	明治7年7月	東京	新聞絵草紙	明治7年11月	東京
千葉県新聞	明治7年8月	千葉	あけぼの	明治7年12月	東京
千葉県日記	明治7年8月	千葉	公文誌	明治7年12月	東京
岐阜新聞	明治7年9月	岐阜	日新真事誌	明治7年12月	東京
萬民心得草	明治7年4月	東京			
朝野新聞	明治7年4月	東京	〈以下、年月未詳〉		
読売新聞	明治7年4月	東京	神戸新聞		神戸
平仮名絵入新聞	明治7年10月	東京	三重新聞		三重
絵入新聞雑話	明治7年10月	東京	埼玉新聞		埼玉
成通新〇	明治7年10月	東京	徳島新聞		徳島
千葉新報	明治7年10月	千葉			など15種
兵庫日々新聞	明治7年10月	兵庫	〈以下、年月地名未詳〉		
評論新聞	明治5年1月	東京	明治新聞		
東京日々新聞	明治5年2月	東京	六合新聞		
新集余談	明治5年2月	東京	江湖新聞		
貌刺窟新聞	明治5年2月	東京	各国新聞		
大阪新聞	明治5年3月	大阪			など8種
県彊新聞	明治5年4月	額田	〇〇は活字がつぶれていて判読不能		
広島新聞	明治5年4月	広島			

表3 『明治史要』付録概表の「新聞紙表」

名　前	創刊年月	発行場所	名　前	創刊年月	発行場所
新聞紙	慶応4年2月	横浜	柏崎新聞	明治6年5月	柏崎
中外新聞	慶応4年2月	東京	新聞全書	明治6年5月	東京
内外新聞	慶応4年4月	東京	郵便報知新聞	明治6年5月	東京
公私雑報	慶応4年4月	東京	開拓使新聞	明治6年5月	開拓使
もしほ草	慶応4年閏4月	東京	鳥取県新聞	明治6年8月	鳥取
日々新聞	慶応4年4月	東京	日益新聞	明治6年8月	東京
遠近新聞	慶応4年4月	東京	随聞雑誌	明治6年8月	柏崎
崎陽新聞	慶応4年8月	長崎	飾磨新聞	明治6年8月	飾磨
新聞雑誌	明治4年3月	東京	教義新聞	明治6年8月	東京
京都新聞	明治4年6月	京都	島根新聞	明治6年10月	島根
影響新聞	明治4年9月	東京	筑摩新聞	明治6年10月	筑摩
新聞輿論	明治4年9月	東京	石鉄県新聞誌	明治6年10月	石鉄
名古屋新聞	明治4年10月	名古屋	和歌山県新聞	明治6年10月	和歌山
萬国新聞	明治4年4月	東京	新聞撰録	明治6年10月	東京
峡中新聞	明治4年4月	甲府	茨木新聞	明治6年10月	茨木
金港新聞	明治4年11月	神奈川	新聞要録	明治6年10月	東京
新潟新聞	明治4年11月	新潟	七尾新聞	明治6年10月	七尾
開花新聞	明治4年12月	金沢	名東県新聞	明治6年10月	名東
日要新聞	明治4年12月	東京	各国新聞雑誌	明治6年10月	東京
都鄙新聞	明治4年12月	東京	新聞心得○	明治6年10月	東京
内外各種新聞要録	明治5年10月	東京	石鉄新聞	明治6年10月	石鉄
木更津新聞	明治5年11月	木更津	静岡新聞	明治6年10月	静岡
度会新聞	明治5年11月	度会	名東新聞誌	明治6年10月	名東
琵琶湖新聞	明治5年11月	滋賀	宮城新聞	明治6年10月	宮城
足柄新聞	明治5年11月	足柄	米子新聞	明治6年3月	米子
若松新聞	明治5年11月	若松	浜松新聞	明治6年3月	浜松
日本新聞誌	明治5年11月	東京	岐阜新聞	明治6年3月	岐阜
仮名書新聞誌	明治5年11月	東京	かなつけおふれがき	明治6年3月	東京
魁致新聞	明治5年11月	東京	日新異聞	明治6年4月	東京
翻訳新聞誌	明治5年11月	東京	羽後新聞	明治6年4月	秋田
新聞誌	明治5年11月	東京	信陽新聞	明治6年4月	長野
佐賀県新聞	明治5年11月	佐賀	山形新聞	明治6年4月	山形
愛知新聞	明治5年11月	愛知	東北新聞	明治6年4月	宮城
小田新聞	明治6年1月	小田	福島新聞	明治6年4月	福島
平仮名新聞	明治6年4月	東京	横浜毎日新聞	明治6年5月	神奈川

いる。明治四年を見ると、『京都新聞』（京都）『名古屋新聞』（名古屋）『峡中新聞』（甲府）『新潟新聞』（新潟）『開化新聞』（金沢）といった広がりがある。明治五年になると、さらに『木更津新聞』（木更津＝千葉県）『足柄新聞』（足柄＝神奈川県）『若松新聞』（若松＝福岡県）『柏崎新聞』（柏崎＝新潟県）『七尾新聞』（七尾＝石川県）『米子新聞』（米子＝鳥取県）など、県庁所在地以外の地域でも発行されるようになってくる。

これらの「新聞紙」がその後順調に発行され続けたかどうかは分からない。短命に終わり、今日、その名前も忘れられてしまったものも多い。だが、繰り返して言えば、新聞が文明開化に果たす役割を政府が認識し、「あるべき新聞」像を自ら提示した明治四年条例公布から二、三年の時期こそ、その数と地域的な広がりにおいて、まさに日本における新聞創成期だった。そして、この時期、明治天皇の六大巡幸が始まる。「報道される天皇」誕生の舞台装置が整ったのである。

第三章　旅の始まり——明治五年西国巡幸

太政官の「達案」を掲載

明治五年（一八七二）五月二二日の『横浜毎日新聞』に以下の記事が載った。六大巡幸の最初、九州・西国への旅に天皇が出発する前日である。「日本における最初の近代的新聞」が報じた「旅する天皇」に関する最初の記事と思われる。

中国西国
御巡幸に付沿道府県へ御達案

ここまでが、記事のタイトルと言える。後の新聞のような見出しではない。続いて、五項目が「欵條」として並ぶ。最後は、「壬申五月」の後、「右太政官より御達」である。つまり、太政官が巡幸の沿道の府県に宛てた指示をそのまま掲載しただけなのだ（「欵條」は「かんじょう」と読むのか。「欵」は「款」の異体字で、「欵條」はつまりは「条項」の意味である）。

その「欵條」は、口語文にすると、次の五項目である（カッコ内は原文の用語）。

- 供奉の人数は従者を除き六十三人（勅任官以上は従者一人、奉任官以下は従者なし）。
- 「御上陸の節」は、供奉の人数を見計らって「ハシケ船」を用意すること。
- 官員が宿泊する「御用宿」以外は旅行者が休憩・宿泊してもかまわない。

図版4　明治5年の巡幸経路

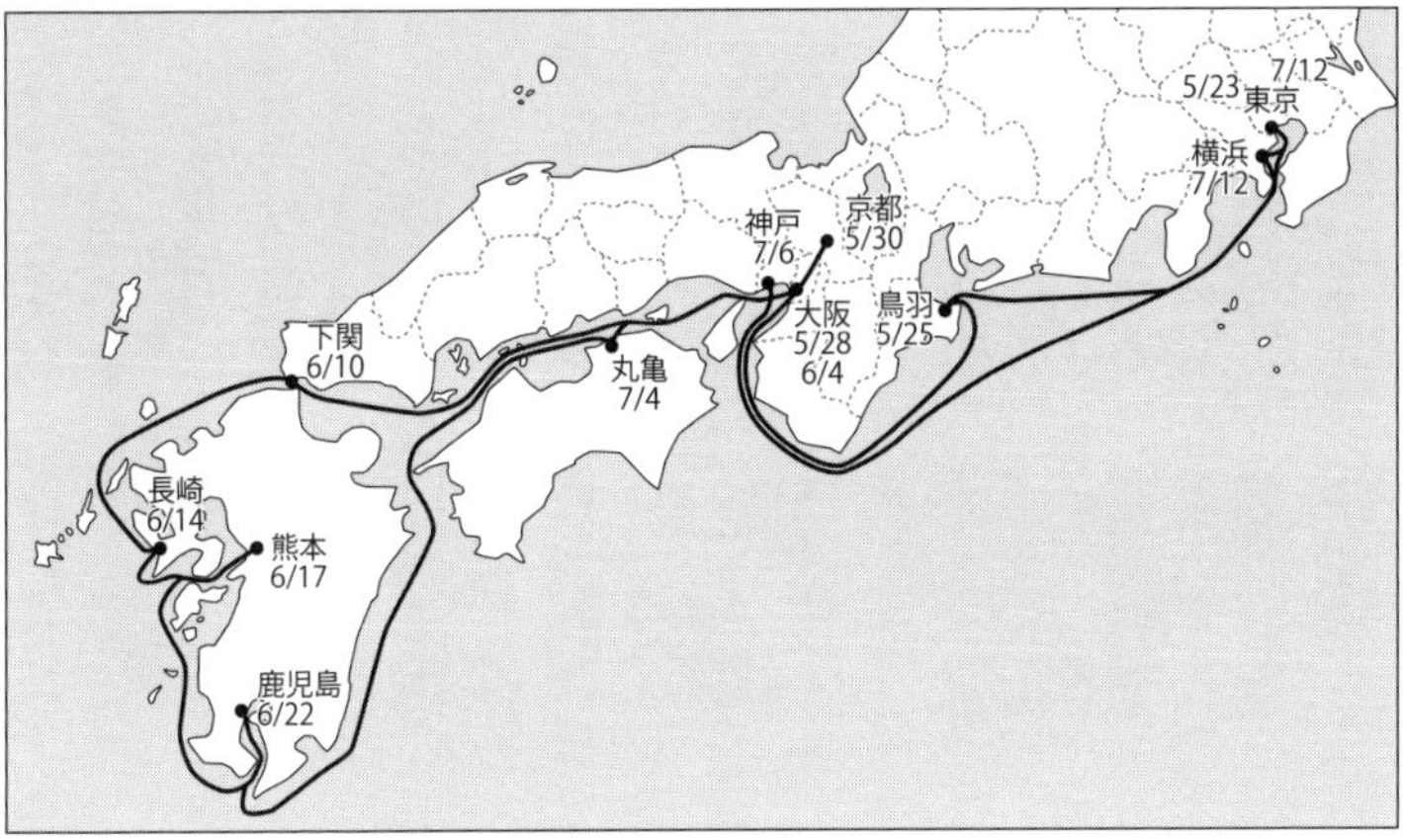

・供奉員からあらかじめ適当な人数を選んでおいて、各宿場で供奉する官員と相談すること。
・官員の旅館の宿泊費は土地相当の額を払うので、平常の官員旅行と異ならないと心得ること。

図版4で分かるように、この年の巡幸は、大半が海路だった。そのため、上陸時には「ハシケ船」が必要だった。

この日の『横浜毎日新聞』は四ページある。先に紹介した創刊号は洋紙一枚の裏表二ページだった。記事面も空白が目立ち、「お粗末」と指摘した。創刊から一年四カ月、通巻第四百五十四号になるこの日の紙面は「お粗末」の域を脱している。

創刊号では縦の線で区切っていたが、この日の紙面は三ページまで横罫線で区切った四段の記事面がある（一面の最上段は、大きく「横浜毎日新聞」の題字）。各ページとも空白は目立たない。「両替相場」「停泊船数」「商館売買」「外国商人輸出入」「横浜諸相場」などの記事が並んでいる。有用な情報がニュースとして、それなりに詰まった新聞になっていると言える。天皇巡幸について記事が載っているのは四面である。前の三ページと違って、大きく二段に区切られていて、巡幸の記事は上段の半分を埋めている。このほか「群犬論」と「在サンフランシスコ日本領事より当県令公への書翰抜粋」というタイトルがついた二つの記事が載っている。

「群犬論」は、常洲那珂湊で、このところ群犬が連日のように争っているという話を入り口にいろいろ書いているのだが、論旨はよく分からない。最後は、「放犬を論破して群犬の明議を承《うけたまわ》る」となっていて、前年七月に政府が行った廃藩置県を擁護する意図のようである（「放犬」は「封建」、「群犬」は「郡県」の言い換えか）。一種の論説的記事とも言えないことはない。

王化亦洽からず

巡幸が大久保利通の大坂遷都建白書が示した「新しい天皇」像の延長線で実現したことは明らかだが、大坂行幸、東京行幸を経験していたとはいえ、つい数年前まで御所の奥深くにいた天皇を、地方を巡る「大旅行」に連れ出すというのは、相当に大胆な事業だったと言えるだろう。この大胆な事業は、どのようにして決まったのだろうか。

陸軍省が提出した「全国要地巡幸の建議」という文書がある（『明治天皇紀』第二）。次は、その一節である。

方今天下漸《ようや》く定まると雖《いえど》も、僻邑遐陬《へきゆうかすう》に至りては未《いま》だ全く朝意の嚮《むか》ふ所を知らず、随《したが》ひて王

化亦洽《またあまね》からず

「僻邑遐陬」は、遠いへき地という意味である。「王化」は、君主の徳がいきわたることを指す。ほかにも難しい言葉が並ぶが、要するに新しい統治者としての天皇の存在を地方隅々まで知らしめて、開化政策を推し進めようという趣旨である。

この建議の主体は兵部省と宮内省、とりわけ兵部省で、実行に至る政策決定には、西郷隆盛、吉井友実に加え、岩倉使節団から一時帰国（三月二四日〜五月一七日）した大久保利通が主導したという（朴三憲「明治5年天皇地方巡幸――廃藩置県後、太政官成立の観点から」）。巡幸に関する建議やその実行に至る政策決定の過程は、むろんこの時期の新聞にはまったく載っていない。

行幸記事も掲載されるが……

ただ、明治五年（一八七二）五月の最初の巡幸前にも行幸は記事になっている。たとえば、同年三月四日の『横浜毎日新聞』の四面には、次の記事がある。以下、改行と「天覧」の前の一字空白も紙面通りである。記事はごく短い。

今四日大学校へ
行幸博物品　天覧同日

東校南校へも行幸有之由

『明治天皇行幸年表』を参照すると、三月中の記事として、一一日に「浜離宮」、一三日に「大学東校」、同日「文部省博物館」、一六日「山里」、一七日「同」、二九日「大学南校」が掲載されている。このうち「山里」は行幸の予定がないとき、天皇が毎日のように「御乗馬」で出かけている場所で、皇居の一角にあると思われる。「浜離宮」については、「延遼館に於て英国公使其他に日本料理を賜ふ」とある。

『横浜毎日新聞』には「今四日」とあるのだが、四日の外出は記録されていない。一三日の「大学東校」と「文部省博物館」、二九日の「大学南校」が、記事に相当する行幸なのだろうが、この日、政府（太政官）から当月の行幸の予定について、何らかの「情報」を得て、この記事になったと考えたらいいのだろうか。一三日の「大学東校」には「教授諸器械及診療所天覧雇外人教授に勅語を賜ふ」、同日の「文部省博物館」には「御巡覧」、二九日の「大学南校」には「授業天覧外人教師に勅語を賜ふ」と、それぞれ注記がある。『横浜毎日新聞』の記事にある「博物品天覧」が、「教授諸器械及診療所天覧」に当たるということなのだろうか。

いずれにしろ、この記事は正確ではない。だが、さらに不思議なことに、二〇日の四面に「来る十三日第九字文部省並東校被為在行幸候間御道筋不都合無之様可致事　但雨天御延引の事」（「字」は「時」）という記事が出ている。

記事には、「壬申三月十日」の日付がある。続いて「御道筋」のタイトルがあって、「御道筋」が詳細に記されている。これにも「壬申三月十日」と日付が付され、最後は「右東京府より御達」とある。この記事が『明治天皇行幸年表』記載の一三日の行幸に関するものであることは明らかだが、「不都合無之様可致事」と言われても、二〇日の新聞だから、行幸はもう終わっている。

こうした紙面の流れをどう考えたらいいのだろうか。私の解釈は、こうだ。最初の三月四日の記事は、『横浜毎日新聞』が独自に得た行幸についての情報を記事にした。一方、後の二〇日の記事は、一〇日に出た東京府の御達を公的な筋から得て伝えたものである。行幸はすでに終わっているのだから、この「御達」を読者に伝える意味はない。『横浜毎日新聞』としては、四日の「誤報」もあって、「御達」を掲載することにしたのではないだろうか。しかし、巡幸に関する記事ではなかったとはいえ、この『横浜毎日新聞』の記事は、この時期としては異色と言える。

「太政官達」をそのまま掲載

『横浜毎日新聞』に載った行幸記事は、明治四年（一八七一）八月二七日発行の四面にもある。当時の紙面体裁を伝える意味で、改行・空白などをそのままにし、ルビは付さずに引く。

離宮其外へ　御騎馬幷
馬車等
御軽装にて臨時　行幸

被為遊候条為心得此段
相達候事
但御道筋市中平常
の通たるべき事
の由
辛未八月

『明治天皇行幸年表』をみると、八月一八日に浜離宮内延遼館に行幸し、「大臣、参議等に酒饌を賜ふ」とあり、同日に「三条実美邸」と「岩倉具視邸」に立ち寄っている。三条邸と岩倉邸は「其外」ということになるようだ。

四面には、「〇」で区切って、行幸記事を含めて五つ並んでいる。「士族の輩が下民に対して不敬をとがめる行為」についてのものや「消防人足（町火消）」の組織に関するものなどである。そして、最後の記事の末尾に「右御布令有之候由」とある。つまり、「御布令」を出した役所はそれぞれ違うが、「御布令」をまとめて、ここに掲載しているのだ。天皇行幸も、そうした「御布令」類の一つとして掲載されているわけである。六大巡幸の最初を伝えた五月二二日の記事は、五項目の「欵條」を載せているところが従来の行幸と違う。もっとも、これも大がかりな巡幸に際して、太政官が出した布達をそのまま掲載しただけだったのだから、基本的に他の行幸記事の域を出ていない。

『東京日日新聞』の巡幸記事

この時期、東京ですでに創刊されていた新聞には、『横浜毎日新聞』のほか、『東京日日新聞』『新聞雑誌』『日新真事誌』がある。『東京日日新聞』について、最初の巡幸関連の記事をみてみよう。『東京日日新聞』は、ペラ一枚、和紙を横にしたもので、表面だけの一ページである。『横浜毎日新聞』がすでに四ページ建てになっているのに比べると、いささか見劣りする。明治五年（一八七二）五月八日の紙面に巡幸についての記事が初めて載った。

この時期の『東京日日新聞』は、冒頭に「公聞」というタイトルを付し、○で区切って、官庁の布達類を掲載する作りになっている。五月八日は、「公聞」に五つの項目が載っている。最初は「鼠捕或ハ蠅取薬ト唱ヘ糞石ノ類ヲ調合致シ」（「糞石《ふんせき》」は動物の排泄物が化石化したもの）売買することを禁止する布達。続いて、「甲府道中駅」の駅合併についての通知。三番目が巡幸に関する布達である（ここで「駅」とは、鉄道の駅ではなく、街道における「宿駅」のこと）。何やらまったく「順不同」のようで、ニュース価値という概念はまだみられない。巡幸に関する布達はごく短い。これも、当時の紙面を再現するかたちで紹介する。

来ル廿三日東京
御発輦御軍艦ニテ大坂幷中国西国筋
御巡幸　仰出サレ候条此旨相達候事
但御道筋其他巨細ノ儀ハ追テ可相

達事

五月二二日の『横浜毎日新聞』の記事には、「右太政官より御達」とあったが、この記事には、どこが出した布達なのかは書かれていない。巡幸の「初報」という意味では、『横浜毎日新聞』より先行していたことになるが、『横浜毎日新聞』にあった五項目の「欵條」は、こちらにはない。政府は五月七日に巡幸の実施を公表した。『東京日日新聞』は、それを翌八日の紙面で「速報」した。その後、準備の細則は明らかにならないままだった。このため、大蔵省が「御達案」を太政官正院に示し、その案をもとに一七日、正式な布達が太政官から出されたという経緯がある（『太政官期地方巡幸史料集成』第2巻）。『横浜毎日新聞』は、これを記事にしたのである。

『東京日日新聞』は、「公聞」の欄に次々と巡幸に関するものを掲載していく。一六日には「主上近日西国御巡幸ニ付供奉ノ官員左ノ通」として、五十三人の「名簿」を載せている。二二日の『横浜毎日新聞』の記事には「六十三人」とあったが、この「名簿」には全員掲載されているわけではないのだろう（後述する『日新真事誌』の記事では「六十六人」とある）。

一七日にも「公聞」欄の最初に「御巡幸御道筋」が載った。「大手御門ヨリ浜殿エ御順路御乗船品海ニ於テ御乗艦」（「浜殿」は「浜離宮」、「品海」は「品川沖」）以降の日程と経由地、宿泊地が記載され、「還幸御乗艦七昼夜過テ伊豆熱海エ着御夫ヨリ海路御順次還幸之事」で終わる。

九項目の「御口達」

『東京日日新聞』は五月二〇日にも巡幸関連記事を「公聞」のトップに掲載した。冒頭に、「御巡幸ニ付其筋ェ御口達ノ写」とある。日付は「壬申五月」。九項目ある。以下、要点を口語文で示す。

①「御休息行在所」は特別の修理はいらない。
②「御行列拝見」は勝手である。通行の人々を差し止める必要はない。営業も平常通りにすること。
③道路の補修や「仏堂寺門あるいは不浄所」の掩蔽《えんぺい》は必要ない。ただし、「辻固《つじがため》」は臨機に行うこと（「辻固」は、「交通の要所の警備」の意味）。
④地方奉任官以上の官員は「天機」を伺いに行在所に伺候すること。
⑤献上物は停止すること。
⑥「御上陸ノ節」は、先駆けとして地方官員一両人に限って出仕すること。
⑦開港開市では地方官はあらかじめ外国人に巡幸の趣旨を伝えておくこと。
⑧供奉の官員の旅館を用意すること。
⑨沿道の手はずについては大蔵省出張官員に、海路に関しては海軍省水路掛に、それぞれ問い合わせること。ただし、儀式に関しては式部寮出張官員に問い合わせること。

この「御口達」には、二二日の『横浜毎日新聞』に載った五項目の「欵條」と重なる内容はない。「其筋」というのは、関係する地方諸県である。五項目の「欵條」を、地方機関向けに具体的に

「口達」したものだろう。

『日新真事誌』の論説記事

創刊時期こそ『横浜毎日新聞』『東京日日新聞』『新聞雑誌』より少し遅いが、英字新聞『ジャパン・ヘラルド』の主筆として編集経験豊富なジョン・レディ・ブラックが主宰した『日新真事誌』は、この時期、他紙を圧倒する充実した紙面を作っている。明治五年（一八七二）三月一七日の創刊第一号から四ページあり、各面とも一行十七字にそろった活字がぎっしり詰まっている。五月一〇日紙面も四ページで、一面に巡幸に関する記事が載っている。まだ「論説」のタイトルはないが、内容は巡幸の意義を論じた「論説」と言っていい（図版5）。一行十七字で三十二行ある。執筆したのは、ブラックと考えて間違いない[*]。

＊『日新真事誌』には、日本語の読み書きに堪能なポルトガル人F・ローザがいた。ブラックの英文を彼が日本語に翻訳し、漢文に通じた日本人編集者が日本文にしていた（前掲『ジョン・レディ・ブラック——近代日本ジャーナリズムの先駆者』参照）。

書き出しから、いかにも先進国であるイギリス人の手になる文章と分かる。

皇帝陛下ハ近日軍艦ニ御セラレ大坂ニ至リ中国及ヒ西国ヲ巡幸スルノ令アリシハ吾輩日本政府ノ為メ欣然雀躍ニタヘサル

図版５　巡幸を論じた『日新真事誌』（明治5年5月10日）

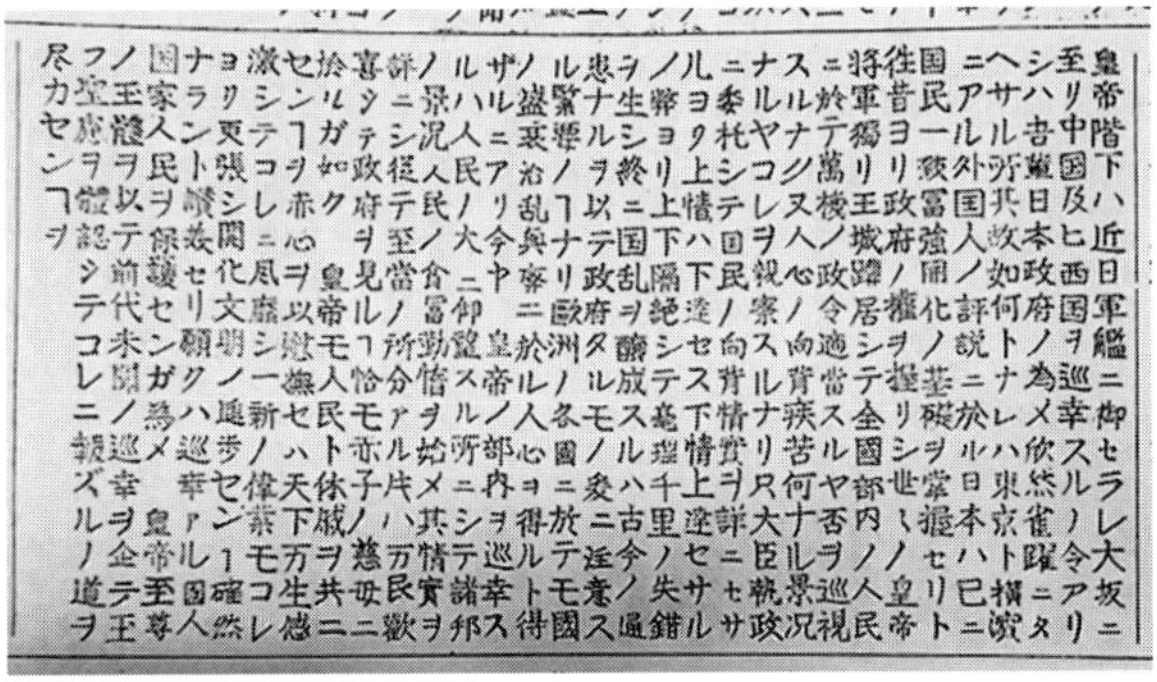

皇帝陛下ハ近日軍艦ニ御セラレ大坂ニ至リ中国及ヒ西国ヲ巡幸スルノ令アリシハ吾輩日本政府ノ為メ欣然雀躍ニタヘザル所其故如何トナレハ東京ト横濱ニアル外国人ノ評説ニ於ル日本ハ已ニ国民一致富強開化ノ基礎ヲ掌握セリト往昔ヨリ政府ノ権ヲ握リシ世々ノ皇帝将軍獨リ王権竊居シテ全國部内ノ人民ニ於テ萬機ノ政令適當スルヤ否ヲ巡視スルナラヌ人心ノ向背疾苦何ナル景況ナルヤコレヲ視察スルナリ只大臣執政ニ委托シテ国民ノ向背情實ヲ詳ニセサルヲク上情ハ下達セス下情上達セサルノ弊ヨリ上下隔絶シテ毫釐千里ノ失錯ヲ生シ終ニ国乱ヲ醸成スルハ古今ノ通患ナルヲ以テ政府タルモノ爰ニ注意スル緊要ノヿナリ欧洲ノ各国ニ於テモ國ノ盛衰治乱興廃ニ於ル人心ヲ得ルト得ザルニアリ今ヤ　皇帝ノ部内ヲ巡幸スルハ人民ノ大ニ仰望スル所ニシテ諸邦ノ景況人民ノ貧富勤惰ヲ始メ其情實ヲ詳ニシ従テ至當ノ處分アル時ハ万民歡喜シテ政府ヲ見ルヿ恰モ赤子ノ慈母ニ於ルガ如ク　皇帝モ人民ト体戚ヲ共ニセンヿヲ赤心ヲ以懲撫セハ天下万生感激シテコレニ風靡シ一新ノ偉業モコレヨリ更張シ開化文明ノ進歩センヿ確然ナラント讃茲セリ願クハ巡幸アル国人国家人民ヲ保護センガ為メ　皇帝至尊ノ王體ヲ以テ前代未聞ノ巡幸ヲ企テ玉フ聖慮ヲ體認シテコレニ報ズルノ道ヲ尽力センヿヲ

天皇に対する「皇帝陛下」という呼称も、この時期になると、他紙には使われていない（「プレ新聞」では、時に英字紙の翻訳語として登場していた）。「吾輩日本政府ノ為メ欣然雀躍ニタヘザル」というあたりも、相当に「上から目線」である。

内容は、文明開化に向かうには、「皇帝」が全国を回って人民の実情を知ることが大事であるということに尽きる。「欧洲ノ各国ニ於テモ国ノ盛衰治乱興廃ニ於ル人心ヲ得ルト得ザルニアリ」と、ヨーロッパに言及するのも、ブラックの論述の通例である。全体にいささか難しい表現の多い、漢文調の文章である。だが、六大巡幸の最初の時期、これまで見てきたように、『横浜毎日新聞』も『東京日日新聞』も、巡幸について政府が出した「布令」「達」をそのまま掲載していただけである。これに対して、『日新真事誌』は、自らの見解を独自に論説的記事として掲載したのである。極めて異色と言っていい。

ブラックは後の著作で、『横浜毎日新聞』と『東京日日新聞』について、「両方とも論説を書こうとはせず、その日の事件について真面目に解説するものではない。……外国人の眼には、情けないというより、害悪をもたらすように見えた」などと辛辣に批判している（『ヤング・ジャパン』3）。これが、自ら日本語新聞である『日新真事誌』を創刊した理由だった。巡幸についても、その言葉通りしっかりと論じたのである。

もっとも、この後、『日新真事誌』は五月二二日の紙面で他紙同様に「御布告」として、「中国四国　御巡行（ママ）御道筋左ノ通彼（被）仰出候事」以下の記事を載せている。内容は、最後に「右五月十七日大（ママ）政官ヨリ供奉ノ面々ヘ御達」とある以外は、同月一七日の『東京日日新聞』の「御巡幸道筋」と同じである。この太政官達の後には、二二日の『横浜毎日新聞』に載った五項目の「欵條」も載っている。ただし、供奉の人数は、先に記したように、六十六人になっている。この後、さらに「中国西国御巡幸供奉官名」が続く。一六日の『東京日日新聞』の「主上近日西国御巡幸ニ付供奉ノ官員左ノ通」にはなかった「膳部二人」「御馬二匹」「別当四人」が含まれている。

実際に巡幸に出発した二三日の『日新真事誌』には、大蔵大輔の井上馨が大坂府に宛てた布達が二つ掲載されている。供奉官員の宿所の手配に関するものと、巡幸の休息所と宿泊地、乗艦の時間などが確定したというものである。後者は「別紙之通」とあって、二三日午前五時の浜離宮での乗艦以降の日時が詳しく掲載されている。一〇日紙面に「論説」的記事を載せた『日新真事誌』だったが、その他の記事は基本的に他紙と同じように、官からの布告や布達をそのまま掲載したものだった。

『新聞雑誌』の巡幸記事もみておこう。『横浜毎日新聞』に次いで創刊の早かった新聞である。「壬申五月」発行の第四十三号に短い記事が載っている（『新聞雑誌』は発行年月しか記載されていない）。「〇五月下旬」とあって三字分ほど空白をあけて、「主上龍驤《りゅうじょう》艦エ御乗御東京御発碇」以下、寄港地を記している。天皇が乗船する龍驤以外の護衛の軍艦九隻の艦名をすべて挙げているところは、これまで見てきた他紙の記事にはなかった点だが、記事としては他紙の方がくわしい。『横浜毎日新聞』や『日新真事誌』が掲載した五項目の「欵條」や、『東京日日新聞』が掲載した「御巡幸ニ付其筋ヱ御口達ノ写」はいずれも載っていない。

そこに「報道」はあったのか

ここまで、明治五年(一八七二)の巡幸について、五月二三日の出発時点までの各紙の記事を取り上げてきた。五月一〇日の『日新真事誌』掲載の巡幸の意義を論じた記事を唯一の例外として、その他の巡幸関連記事は、太政官達にしても、詳細な「御巡幸御道筋」や「御巡幸供奉官名」の「名簿」にしても、「官」が公表したものをそのまま掲載しただけである。

巡幸以前、行幸を伝えた『横浜毎日新聞』の記事を紹介した。そこで、三月四日に載った「今四日大学校へ……行幸有之由」という記事は、独自に得た情報を報道したものと思われると指摘した。巡幸に関しては、この段階まで、この種の記事はまったくない。明治五年巡幸において、天皇は間違いなく「旅する天皇」になった。だが、ここまで紹介した新聞記事から明らかなように、この時点では、新聞はまだ、「旅する天皇」を「ニュース」として報道することはなかったのである。

たとえば、出発時の浜離宮までの光景や龍驤への乗船と天皇一行の出発は、現在の感覚で言えば、外せないニュースである。巡幸に随行した児玉愛二郎が出港時のセレモニーを伝えている(『随幸私記』*)。それによると、天皇乗船の場面はとりわけ華やかだった。太政大臣・三条実美の随行で、午前六時半、天皇が龍驤に乗船する。児玉は、「此際楽ヲ奏シ各艦満艦飾ヲナシ水卒登桁礼式ヲ行ヒ祝砲二十一発ヲ放ツ」と記している。

＊児玉愛二郎は当時、宮内少丞。随行時の記録を明治二一年（一八八八）にまとめ、明治三一年に刊行。『明治文化全集』（第一巻　皇室編）に収録されている。

しかし、翌二四日はもとより、それ以降の各紙に、出発のこうした光景を伝えたものは見当たらない（『日新真事誌』は五月二四日から九月一〇日まで原紙が見つかっていないが、やはりこの種の記事はなかっただろう）。

「平常のまま」を求める

ただ、各紙に載った太政官達などの記事によって、新聞読者、さらに彼らのコミュニケーションの回路を通じて、巡幸に関して一般の人々に伝わったと思われる重要なこともあった。そこからは巡幸に当たっての政府の姿勢が見えてくる。最初の巡幸で、こうした姿勢が打ち出されたことは、その後の巡幸での「報道される天皇」誕生と大いに関係することになったに違いない。

まず、『横浜毎日新聞』と『日新真事誌』に載った太政官達の五項目の中にある次の部分に注目したい。

- 官員が宿泊する「御用宿」以外は旅行者が休憩・宿泊してもかまわない。
- 官員の旅館の宿泊費は土地相当の額を払うので、平常の官員旅行と異ならないと心得ること。

さらに、『東京日日新聞』が載せた「御巡幸ニ付其筋エ御ロ達ノ写」の中の次の項目も一般の人々にかかわりのあるものである。

・「御休息行在所」は特別の修理はいらない。

・「御行列拝見」は勝手である。通行の人々を差し止める必要はない。営業も平常通りにすること。

・道路の補修や「仏堂寺門あるいは不浄所」の掩蔽は必要ない。ただし、「辻固」は臨機に行うこと。

これらの政府の布達から見えてくるものは、一言で言えば、「平常のままでいい」というメッセージである。「天皇一行の行列を見物するのは勝手」や「平常通りの商いをしていい」というところに、それが明確に表れている。

こうした政府の姿勢は、巡幸に先立つ京都から東京への二回の東幸（二回目は事実上の東京遷都になった）でもすでに打ち出されていた。明治元年（一八六八）九月二〇日、一回目の東幸に出発した際には、沿道宿駅の難渋の折ゆえ「非常軽装」で行う予定であるから、供奉者は「威権」をふるって宿駅の迷惑にならぬようにとの心得が出された。九月二二日には、沿道の府県に、東幸の目的は「下民ノ情状」を知るためであり、「農商共孰《いず》レモ平常通職業相勤《あいつとむ》」るよう指示する布達を出している（『太政官期地方巡幸史料集成』第1巻）。

実際の東幸や巡幸に際して、こうした心得や布達がそのまま守られたわけではなかった。だが、ここには天皇と一般の人々との新しい関係を求めていた明治政府の意思が読み取れる。それは、大久保利通が「大坂遷都建白書」において主張した「新しい天皇像」に重なる。政府は、「見えない天皇」を「見える天皇」に変えていこうとしていたのである。こうした政府の方針があって、「報道される天皇」が誕生する。だが、東京出発後も新聞は基本的に「官」の側が提供した、いわば「お知らせ」を掲載していたに過ぎない。「ニュース」として巡幸の模様を伝える記事はごく一部に過ぎない。

その後の巡幸記事

天皇が乗船した軍艦・龍驤は、五月二三日、品川港を出港した。龍驤は、二五七一排水トン、長さ六四・五メートル、幅一二・五メートル。木造船ながら、鉄帯を備え、当時の日本海軍最大の軍艦だった（『日本軍艦史』）。龍驤は護衛艦七隻とともに二五日、鳥羽港に到着した。最初の目的地は伊勢神宮である。この後、天皇一行は、図版4に示したように、大阪、京都、下関、長崎、熊本、鹿児島、丸亀、神戸を経て、七月一二日、東京に戻る。

この間、新聞は巡幸をどのように伝えたのだろうか。『東京日日新聞』について、この間の記事を追ってみる。

五月二三日の品川港出港後、しばらく巡幸関係の記事は出ていない。ようやく六月四日、例の「公聞」の欄に「神宮御参拝済御届ノ写」が載る。度会《わたらい》県権参事・下山尚が大蔵省に報告した写である。以下、読みやすくするために、ここでは原文にないルビを適宜付して、冒頭の三行を引く。改行その他は記事の通りである。なお、度会県は現在の三重県の南部。

聖上倍《ますます》御機嫌克《よく》本月廿五日第九字頃鳥

羽港へ着御午後第一字二軒茶屋へ
御上陸夫《それ》ヨリ　外宮行在所へ

続いて、翌二六日に「両宮」（外宮と内宮）の参拝から度会県の県庁への臨幸などを経て、二七日鳥羽港を出港するまでを記し、「恐悦奉存《ぞんじたてまつり》候依《より》テ此段不取敢《とりあえず》御届申上候以上」で終わっている。「官」の文書そのままであることは、これまで参照してきた記事と変わらない。品川港出発が「ニュース」になっていなかったと同様、鳥羽港到着も伊勢神宮参拝も、それ自体としては報道されていない。

記事にあるように、天皇が伊勢神宮に参拝したのは五月二六日、翌二七日に鳥羽港を出港している。この記事が載ったのが、六月四日だから、ずいぶんと遅い。現在の新聞社のように現地に通信網があったわけではないし、後の巡幸のように随行記者もいなかった。現地の随行者から（この記事では、度会県権参事・下山尚）、大蔵省に報告が届き、『東京日日新聞』は、それをもらい受けて記事にしているのである。

この後、『東京日日新聞』には、天皇一行が東京に戻るまで、六月八日、一二日、一九日、二七日、二八日、七月一〇日、一二日の紙面に関連記事が載っている。それなりに頻繁と言うべきかもしれない。しかし、記事の大半は、随行している者から本省に届いた手紙、あるいは巡幸先の県から届を、「写《うつし》」として掲載したものだ。そのかたちは、基本的に六月四日の記事と同じである。

たとえば「供奉之官員有馬出納助ヨリ本省へ来書之写」（六月一二日）、「大蔵権大録小管揆一ヨリ本省へ来所書之写」（六月一九日）、「山口県ヨリ大蔵省へ御届写」（六月二七日）、「長崎県ヨリ御届ノ写」（六月二八日）、「式部寮ヨリ各省エ御達之写」（七月一〇日）「官書広報　右ニ付大蔵省中へノ布達之写」（七月一二日）といった具合である。この時期、政府の側に「広報」の仕組みはなかったから、新聞はたまたま入手できた「写」をそのまま記事化していたということなのだろうか。いずれにしろ、読者は巡幸について「断片」を知るだけだった。

もちろん記事の内容は、先に見た出発前に太政官達などを掲載した記事とは違って、巡幸の動向などを伝えるものだから、「ニュース性」がまったくないわけではない。ただ、それがいずれも「……之写」として掲載されているところに、まだ新聞が「旅する天皇」を「報道される天皇」に転移する主体にはなっていないことを示している。

「ニュース化」の萌芽も

とはいえ、新しい記事のスタイルも登場している。明治九年（一八七六）東北・函館巡幸における「報道される天皇」誕生の萌芽と言っていいかもしれない。

六月八日の『東京日日新聞』の「江湖叢談」の欄に「京師よりの来書中に云」というタイトルが付いた記事がある。「江湖叢談」は、『東京日日新聞』創刊時から「官」の布令や布達などを掲載する「公聞」欄の後に置かれている。明治期の新聞で、よく「雑報」という言葉が使われる。事件や火事などの災害、裁判の判決などが「雑報」である。「江湖叢談」は、そうした「雑報」が載る欄だった。当時の狭い紙面の中の、「ミニ社会面」といったところである（もっとも、記事はたいてい

一、二本しか載っていないのだから、「社会面」と呼ぶのは大げさであるが)。

当該記事は、この後、天皇は浪華(大阪)で百歳以上の老人に「御手許金若干」を下賜し、六月一日、京都に向かい、出迎えの華族に勅諭を賜ったと記す。この勅諭の「写一通」を全文掲載したものが記事の本体である。

前書きに「京師よりの来書」とあるが、だれからの書簡なのかは分からない。ただ、随行した「官」の側の人物ではないようだ。京都から書簡を寄せた人物は、勅諭を賜った華族の一人か、その関係者だろう。勅諭の内容は、特に紹介するほどのものではない。ここでは、巡幸に関する記事が、「ミニ社会面」に掲載されたという点と、記事が「官」経由ではないことに注目したい。この点は、巡幸の「報道される天皇」誕生の萌芽として見逃せない。

「報道される天皇」は、天皇が生身として直接、報道対象として新聞記事になることではない。実際、次章以降、具体的に巡幸にかかわる新聞記事を通じて「報道される天皇」を明らかにしていくが、そこで参照する新聞記事には、天皇が語った言葉を直接伝えるものはない。「報道される天皇」は、巡幸の行列、あるいはその中心に存在する天皇に対して一般の民衆をはじめとした「周囲」がどのようにふるまったのかということが「ニュース」として記事になることによって誕生するのである。その意味で、この六月八日の『東京日日新聞』の記事は注目される。

群集せる人民其数凡三万人

こうした萌芽を、もう一つ別の面から示す記事が、六月二四日の紙面に載っている。やはり「江湖叢談」の欄で、しかも二番目の記事である。「長州馬関よりの来書中に云」と、八日の記事と同じスタイルで書き出している。天皇一行は、六月四日に大阪を出港し、瀬戸内海を航行し、丸亀を経て、一〇日に馬関（下関）に上陸した。

記事はこの馬関での出来事を伝えるもので、ここには天皇を迎えた民衆が登場している。これは、これまでみてきた巡幸記事にはまったくなかったものである。

記事は、冒頭、「天皇陛下」（この表現も、この時期では珍しい）が下関に到着して、行在所となった旧脇本陣で浜田県参事を召され、震災*の罹災者へ救援金三千円を下賜したことを伝えた後、同県下の状況を次のように記している。

＊「浜田県」は現在の島根県西部。巡幸が下関入りする約三ヵ月前の二月六日、この地域で地震（浜田地震）が起き、五百五十二人が死亡し、家屋四千五百戸が倒壊した。

県下九日より十日に至り　天皇を拝せんとて群集せる人民其数凡《およそ》三万人に及ぶと云《いえ》り蓋《けだ》し市中の寺院焚出しを設け群集の人民旅宿　賄《まかない》処と称し其支費ハ一切民費にして凡衆の望みに応じて之を与ふ

「三万人」という数字の信憑性は、むろん疑わしい。ただ、「天皇を拝せん」とする民衆が「群集」したことは間違いない。

記事の後半にも驚く。寺院は集まった人々のために焚出し（炊出し）を行い、臨時の宿泊所としたうえ、費用は希望に応じて民間が支出したという。つまり、「ボランティア」が登場して大混雑に対応したというのである。もっとも、この「ボランティア」は、『京都新聞』第三十二号（七月発行、日付は不明）の記事によると、「官製」だったらしい。同紙の記事によると、「奉拝ノ諸民」で旅館等に支障が起きないように、山口県庁から「御説諭」があって、有志六人が教法寺という寺院に仮の宿泊所を設けて、接遇したという。記事によると、天皇が下関に滞在した六月一〇日から一三日までの間、ここで賄いを受けた者は一万五千人に及んだ。

生き神＝天皇の「御利益」

六月二四日の『東京日日新聞』の記事には、もう一つ、天皇にかかわる興味深いエピソードが記されている。これも「長州馬関よりの来書」の筆者が耳にしたものなのだろう。さまざまな薬の効果もなく、医者からも見放された病者がいた。巡幸に際して、周囲の者たちが、天皇の食事の残りをもらい受け、この病者に食べさせれば効能があるのではないかと相談し、「内膳の吏員」に懇願の末、「一物を得て之を与へるによりし……忽《たちま》ち日々快癒に進」んだというのである。この話は、民俗学者の宮田登がいう民衆の中の「天皇＝生き神」という観念とつながっているのだろう（宮田登『生き神信仰――人を神に祀る習俗』）。つまり、この病者は、神の御利益で快癒に向かったというわけである。

こうしたエピソードはこの後の巡幸でも語られる。今回の巡幸では、鹿児島滞在中の、いささか驚くべき「御利益」話を語った回顧談がある。残念ながら、この時期、鹿児島では新聞はまだ発行されていなかったようで、新聞記事にはなっていない。

回顧談の主は、当時、陸軍大尉として熊本鎮台鹿児島分営に所属していた吉村貞寛である（『太政官期地方巡幸史料集成』第2巻「明治五年西国中国筋御巡幸事蹟取調 遺老談話筆記」*）。『明治天皇行幸年表』によると、五月二二日に天皇一行は鹿児島に到着し、鹿児島分営を行在所にして、精力的に各所に行幸している。

＊大正一一年（一九二二）四月、宮内省の藤波御用掛と池辺編修官が鹿児島などを巡回し、明治五年巡幸の事蹟を取り調べた際に聴取した談話の筆記。

その後、風雨が強く、出発の予定が遅れ、天皇は二五日以降、七月一日まで、鹿児島で足止めとなった。吉村は「夜は当地方の種々珍らしいものを出すやうにとのお達しでありましたから、盆踊りをするやら、大きな灯籠を点して御覧に入れるやら、賑やかなことでござりました」と回顧している。『明治天皇行幸年表』によると、相撲の「天覧」もあった。「御利益」話は、その後に語られる。天皇一行が出発した後、「行在所の拝観を一般に許すといふ県庁からの達し」が出て、大騒ぎが起きた。

押しかけた人々によって六個あったランプがすべて壊されてしまった。彼らは我先にそのままになっていた夜具を引きむしって持ち去り、夜具は布も綿もびりびりになった。飾りに使っていた杉の葉は、「悪魔払ひ」にするといって皆取っていかれた。

ところが、遅れてやってきて、めぼしいものを手に入れられなかったある人が県庁の役人に頼んで、異人館に行った。異人館は外国人技師が使っていた邸宅で、天皇の行幸先の一つだった。その便所をのぞいたところ、「御糞」が残っていて、「天の叢雲《むらくも》の形」をしていたので、紙と風呂敷に包み、家に持ち帰った。家人に「手を洗ひ口を漱《すす》いで拝みなさいと言って」風呂敷包を解いて拝ませたという。「御糞」の話は、本人が日記に残しているというから、作り話ではないようだ。

恰モ白昼ノ如シ

巡幸に対する一般の人々の対応ということでは、『京都新聞』第三十号（六月発行、日付不明）に載った記事が興味深い。「御入京之記」というタイトルで、五月晦日《みそか》から六月四日までの天皇一行の動向を伝えている。情報元として「官」の側の名称は一切ない。執筆者自身の見聞、あるいは見聞した者から情報を得て書いた記事と言っていいだろう。ここには「取材記者」の姿がほの見える。次のような一節がある。

巷頭ニ玻璃灯《はりとう》ヲ輝シ、毎家ノ檐下《えんか》ヘハ大提灯点《とも》シテ万歳ヲ祝シ奉ルノ意ヲ表ス、其照明恰《あたか》モ白昼ノ如《ごと》シ

「玻璃灯」は、ランプのことである。「檐下」は軒下の意味。ランプはどのような大きさのものか分からないが、各戸の軒下に吊るされた大提灯と相まって、巡幸の行列を迎える街路は、まるで真っ昼間のように明るかったというのである。「恰モ白昼ノ如シ」という文言には臨場感がある。

「報道される天皇」にかかわって、『京都新聞』のもう一つの記事にも注目したい。三十一号（六月発行、日付不明）に載った「浪華社友来状之写」というタイトルがある記事である。ニュース・ソ

ースは、大阪在住の人物ということになる。これも「官」の側の情報に拠ったものではないだろう。東京を出発して以降の巡幸の経路を紹介した後、五月二八日に大阪着後の天皇の「行動」を詳しく記していく。以下、記事は次のように続く。

天機伺トシテ阪府奉任以上ノ官員出頭、此日澳国博覧会行ノ品物 幷《ならびに》 永代浜花火ヲ天覧アラセラレ、晦日《みそか》暁第四字、御馬ニテ出御、近衛兵幷鎮台兵前後ヲ警備シ人民ヲシテ親《したし》ク天顔ヲ拝スルヲ得セシメ、八軒家ヨリ御川船ニ移ラセラレ淀川筋ヲ京都エト入ラセラル

この記事で目を引くのは、天皇が鳳輦ではなく、馬に乗って移動し、「人民ヲシテ親ク天顔ヲ拝スルヲ得セシメ」ているという記述である。まさに、ここで天皇その人は「見える天皇」となり、『京都新聞』によって、「報道される天皇」になったのである。

なお、記事中の「澳国博覧会」の「澳国」は、オーストリアである。翌明治六年（一八七三）五月からウィーンで万国博覧会が開催される。日本は慶応三年（一八六七）にパリで開催された万国博覧会に、幕府、薩摩（鹿児島藩）、鍋島（佐賀藩）として出展しているが、ウィーン万博が、政府としての最初の公式参加である。天皇は、この日、その博覧会への出展品を見て、さらに花火見物もしている。

『ナガサキ・エクスプレス』の論評

日本における新聞の始まりについて簡単に記した際、横浜や長崎など幕末に開港地となった地で刊行された居留地新聞にふれた。居留地新聞は明治以後も引き続き、日本に居住する外国人向けに刊行された。その一つ、長崎で発行されていた週刊の英字紙『ナガサキ・エクスプレス The Nagasaki Express』には、巡幸について三つ長文の記事が載っている。いずれもこの時期の日本の新聞にはまったくみられなかった内容である。民衆の反応を伝えるものとして興味深い。

記事は、一八七二年六月二九日（明治五年五月二四日）から三回掲載された。英字紙として相当な力の入れようである。

最初の記事は、「日本天皇陛下 His Majesty the Tenno of Japan」の当地への到着が近づいているとして、祝賀のあり方などを論じている。当地の外国人社会でもミカドの訪問を祝う飾りつけ《ディスプレイ》をするが、今や欧米と友好関係を持つようになったのだから、この点は日本人からも理解を得られるだろうと述べる。高貴な人を迎える時の祝賀のあり方は、欧米に確固とした起源を持つ習慣があるが、外国人社会のやり方を手本にすることで、日本でもこれが根付くことになろうと論じる。

次の記事では、天皇一行の長崎到着の模様を詳報している。この日は、別項のスタイルで「イルミネーション」というタイトルを付けた記事もあり、天皇一行を迎えた長崎の街の様子を伝えている。前日は風雨が強く、街は真っ暗だったが、天気が回復した翌日は、街は「光の炎」のように変貌したという。イルミネーションは提灯のことだろう。街路にたくさんの提灯が飾られた光景を、記者は「光の炎《ブレイズ・オブ・ライト》」と表現している。ミカドの紋章（菊の紋章）入りの提灯が売り切れになったという。

最後の記事は、ミカドの訪問が日本の将来に与える「有益な影響《ベネフィシャル》」について述べた論説的記事である。その中で、下層社会の人々の多くが抱いた「失望《ディスアポイントメント》」について指摘した部分が注目される。自然を超越した神のような存在と思っていた彼らの主権者が、「世間的な物事に熱中し、外国人の服をまとっていた」ことが理由である。天皇は、「燕尾形ホック掛の正服」と呼ばれる服装だった。洋服そのものになじみのなかった民衆が違和感を持ったのも当然だっただろう。

この日の新聞にはもう一つ、「ミカドの訪問」という見出しが付いた記事も載っている。天皇が長崎県庁や造船所などに訪れたことを、「ニュース」として詳しく報道している。

東京還御の記事

天皇一行は、下関から海路で、長崎、熊本、鹿児島を経て、七月一二日、東京に戻る。海路が主体だったとはいえ、明治天皇にとって最初の「大旅行」であり、天皇の歴史の中でかつてない巡幸だった。その東京への無事帰還なのだから、現代の感覚で言えば、当然大きなニュースとして新聞に取り上げられるはずである。だが、出発時の各紙の記事は、「官」の布令や布達などを「写」として掲載したものだった。そこに「報道」はなかった。では、天皇一行の東京還御はどのように伝えられただろうか。

『東京日日新聞』を見ると、七月一〇日発行紙面のトップに「官書公報」とあって、「式部寮ヨリ各省エ御達シノ写」が掲載されている。以下、全文である（改行、一字空きを含めて原文のまま）。

皇上　明後十一日品海
御著艦之御都合ニ候得共風波ノ都合
モ有之時日確ト難相分候ニ付祝炮ノ
音相聞次第長官次官浜殿ヘ為奉迎参
集可有之候依テ申入候
　　壬申七月九日

天皇は、一一日に品川沖（品海）に着くが、浜離宮への着艦は天候の次第もあるので時日は確定できない。各省の長官と次官は祝砲を聞き次第、浜離宮に奉迎のために参集するように、と式部寮が各省に布達したという内容である。

一日おいた一二日の紙面の「官書公報」の欄に、電信局から大蔵省への連絡と、この連絡について大蔵省が大少丞の名で省内に出した布達の写が合わせて載っている。電信局のものは「今十二日午後一字横浜　御発輦騎《ママ》車ニテ　運行之事」とあるだけだ。天皇は往路のように品川沖から端船に乗り浜離宮に上陸という経路ではなく、横浜港で上陸し、横浜駅から品川駅まで鉄道を利用したのである。

予定では一〇日の『東京日日新聞』に載った式部寮の布達のように、往路と同じ経路で還御することになっていた。ところが、波が荒く、急遽横浜港に入港することになった。式部寮の布達にあった「風波ノ都合」で上陸地が変更されたのである。その結果、電信局の大蔵省への連絡通り、横浜駅から品川駅まで鉄道を利用した。日本最初の鉄道である品川―横浜間の鉄道が正式に開業するのは、この年九月であるが、仮開業していた。むろん、明治天皇にとって初めての鉄道体験だった（原武史『可視化された帝国――近代日本の行幸啓［増補版］』）。

初の大規模な巡幸を終えての還御であり、初の鉄道体験という「ニュース」もあったわけだが、『東京日日新聞』の記事は、「官」の公報を掲載しただけだった。『横浜毎日新聞』もほぼ同じ内容である。

巡幸が公表された際、唯一、論説的記事を掲載したのは『日新真事誌』だった。前にもふれたように、五月二四日以降、九月一〇日まで、同紙の原本が見つかっていない。同紙は、この時期、もっとも内容の充実した新聞であり、あるいは巡幸に際しても他の新聞にない記事が掲載されていたかもしれないが、残念ながら参照できない。

本章では、六大巡幸の最初である明治五年（一八七二）の西国巡幸の新聞記事を取り上げた。生まれたばかりの新聞の巡幸に関する記事は多くない。しかも、「官」の公報を「写」といったかたちで掲載するものがほとんどだった。巡幸を「ニュース」として伝える記事はまだごく少数であった。『日新真事誌』に載った論説的記事を唯一の例外として、巡幸を論評する記事はまだみられなかった。「報道される天皇」を生み出す「報道する側」の主体である新聞がまだ未成熟だった。この最初の巡幸から四年、明治九年（一八七六）に東北・函館巡幸が行われる。巡幸に随行する記者が現れ、巡幸は「ニュース」として報道されるようになった。「報道される天皇」の本格的誕生である。

第四章　巡幸記の誕生まで——「進化」する新聞

初報は同じスタイル

明治五年（一八七二）五月から七月にかけて行われた西国巡幸に随行した西郷隆盛は、東京に戻ると、八月一二日、岩倉使節団の副使として海外渡航中の大久保利通に書簡を送った。そこには、「西国之人心余程帰向《きこう》いたし何も平穏之体ニ罷成《まかりなり》大幸此事ニ御座候」とある（『大久保利通関係文書』第三）。巡幸によって西国の人心が新政府に向かい、平穏になり、「大幸」とはこのことだという。巡幸が成功裏に終わったことを伝えているのである。

引き続き、東北地方への巡幸が日程に上った。戊辰戦争において、東北地方では、会津藩を中心にする奥羽越列藩同盟が結ばれ、各地で反官軍の戦いが行われた。天皇をいただく新政府への「人心之帰向」がもっとも求められた地域である。しかし、西郷隆盛らが政府から去った明治六年（一八七三）の征韓論政変、翌年には佐賀の乱や台湾出兵などが続き、巡幸計画はなかなか進まなかった。明治八年五月、ロシアとの樺太千島交換条約が締結されると、北海道における「人心之帰向」の重要性も認識されるようになった。こうして、東北・函館巡幸が急速に具体化した。

明治九年（一八七六）四月二六日の『東京日日新聞』一面冒頭の「太政官記事」に、次の記事が載った（改行、空白は紙面掲載通り）。今回の巡幸に関する最初の記事である。

○第五拾八号
今般奥羽地方

御巡幸被　仰出候条此旨布告候事
但御発途時日ノ儀ハ追テ御沙汰可有之事
明治九年四月二十四日　　太政大臣三条実美

明治五年巡幸の際も太政官達が紙面冒頭の「公聞」の欄に載った。明治五年の場合、「来ル（五月）廿三日東京御発輦」と出発の日が決まっていたが、今回は「御発途時日ノ儀ハ追テ御沙汰」となっている。しかし、「公聞」の欄が「太政官記事」となっただけで、記事の掲載のされ方は、明治五年の西国巡幸に関する『東京日日新聞』に載った最初の記事と同じだった。新聞はこの時期相変わらず、「官」の布達や布告をそのまま載せているだけなのか、と思われるかもしれない。

『横浜毎日』は「雑報」欄で

この点、『横浜毎日新聞』は、この間の時代の変化を感じさせる紙面づくりをしている。明治九年（一八七六）四月二十七日紙面だから、初報としては『東京日日新聞』より一日遅いのだが、「雑報」欄の最初の記事として、短く次のように伝えている。「雑報」欄は内容的には「社会面」である。

図版6　明治9年の巡幸経路

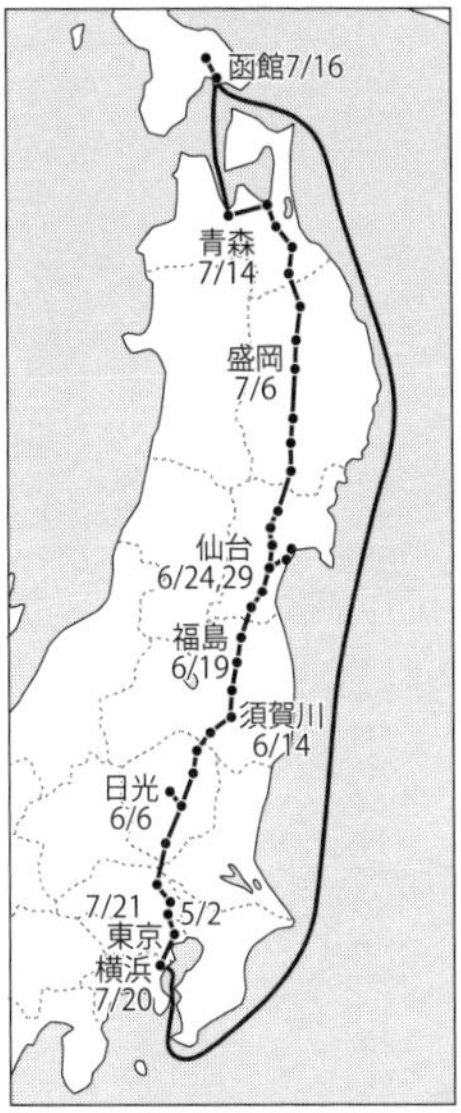

○主上が此頃奥州羽州辺を　御巡幸に成るとお触出しに成升《ま》した

『横浜毎日新聞』も一面は最上段に「諸公報」の柱があって、『東京日日新聞』が掲載したものと同じ太政官布告第五拾八号が載っているのだが、あえて「雑報」欄に右の短い記事をこうしたかたちで掲載したことに、同紙の編集陣の新しい対応を感じる。太政官布告は布告として載せるが、その一方で「ニュース」として巡幸の発表を記事にしたのである。

先に『東京日日新聞』では、明治五年（一八七二）巡幸のときと記事の掲載のされ方が同じと述べたが、実は同紙にも変化はみえる。この時期の『東京日日新聞』は四ページあり、一面は巡幸を伝えた「太政官記事」のほか、「内務省録事」と「公報」で埋まっている。二面以下は「東京日々新聞」「雑報」「外報」「米国通信」「寄書」という柱のもとに記事が載っている。「東京日々新聞」は、いわば論説欄である。「寄書《よせがき》」は「投書」のことである。

「太政官記事」に巡幸の布告が載った四月二六日の「雑報」欄のトップに、巡幸の発表に関係した記事が載っている。「○此間は近い内に西国へ　御巡幸が有ると云ふ風聞を記しましたが少《ちッ》と方角が違《ちが》ッたやうで五座ります」と書き出し、万民が「王化に浴し文明に進みませう。実に有り難い御巡幸で五座り升」と述べている。『横浜毎日新聞』のように「ニュース」記事としてではないが、太政官布告だけでなく、「雑報」に関連記事を載せているところに、やはりこの間の新聞の成長を見ることができる。

日本における近代的新聞の嚆矢とされる『横浜毎日新聞』が創刊したのは、明治三年一二月八日

（一八七一年一月二八日）。その後の新聞創成期については第三章でふれた。その時期からまだ六年ほどしか経っていないが、この間、新しいスタイルの新聞も登場し、新聞は急速に成長を遂げた。「報道される天皇」を主題とする本書としては、明治九年巡幸の報道を追う前に、そうした新しい状況を概観しておきたい。

「雑報」欄に「関連記事」も

まず、「外見」に注目してみる。明治五年（一八七二）の西国巡幸の初報が載った五月八日の『東京日日新聞』は、ペラ一枚、和紙を横にしたもので、表面だけの一ページである。見事な木版刷りだが、掲載されている記事は、「公聞」と「江湖叢談」のほか、「○誤正」、「本日　小雨……」という天気予報、「○物価日表」だけである。

一方、明治九年（一八七六）の東北・函館巡幸の初報である四月二六日の『東京日日新聞』は洋紙を縦型に使った四ページである。大きさは現在の新聞とほぼ同じ。一面は最上段に『東京日日新聞』の題号が横に入って、記事面は三段（一行三十字×三十七行）、二面から三面は記事面四段（一行二十五字×三十七行）、最終面の四面は最上段が三面までと同じで、その下四段は広告欄である。

総じて言えば、写真や段の区切りを超える大きな活字の見出しがないことを別にすれば、現代の私たちから見ても、各面とも活字がぎっしり詰め込まれていて、相当に新聞らしい作りになっている。

当然、記事の数も明治五年の新聞とは比較にならないほど多い。巡幸に関する太政官布告が載った「太政官記事」と、この日の「雑報」欄のトップが巡幸の発表に関係した記事であることは先に述べたが、この後、「雑報」欄には、その名にふさわしいと言うべきか、まことに雑多な記事が載っている。英国ロンドンに新たなに領事官を置くことになったが、領事が拝命されていないという短い記事。「常州土浦町」で十七軒を焼く火事があり、「土浦裁判所藤井静真殿」が米一石を給与したという善行。「〇廿四日の警視日報」による事件・事故の記事、などなど。いずれも今日の感覚からすれば、「ニュース価値」が吟味されたとも思えない記事である。ただ、ここでは、こうした多彩な記事が四ページの新聞に載るようになったという単純な事実に注目したい。そして、そこには巡幸についての「官報」記事とは別の「関連記事」も掲載されていたのである。

『読売新聞』の急成長

新聞の発行部数も着実に増えていた。表4は『東京府統計表（書）』、『警視庁事務年表』に基づいて東京発行の主要新聞の年間発行部数を示したものである（山本武利『近代日本の新聞読者層』「別表・新聞発行部数一覧」）。年間三百日発行として計算すると、明治八年（一八七五）の一日平均発行部数は、次の通りになる（『東京曙新聞』は、『新聞雑誌』が『あけぼの』を経て、この紙名になったもの）。

- 東京日日　七四三〇
- 郵便報知　六八八一

・朝野新聞　一八二七
・読売新聞　三八四四
・東京曙　　二六六六

表4　明治初期の主要新聞の年間発行部数

	東京日日新聞	郵便報知新聞	朝野新聞	読売新聞	東京曙新聞
明治8年（1875）	2,229,115	2,064,318	548,119	1,153,298	799,864
明治9年（1876）	2,933,998	2,143,293	1,178,699	4,352,554	814,976
明治10年（1877）	3,422,792	2,070,509	2,058,764	6,189,674	1,933,257
明治11年（1878）	2,125,292	2,119,061	2,026,492	6,544,679	2,354,973
明治12年（1879）	2,234,513	2,413,803	2,384,280	――	――
明治13年（1880）	2,428,099	2,423,927	2,747,812	6,246,602	2,331,584
明治14年（1881）	2,462,235	2,873,897	3,182,044	5,316,302	1,802,446
明治15年（1882）	2,547,582	2,446,069	2,707,085	5,221,376	――

注：明治８、9年は前年7月1日から当年6月30日。明治10年以降は当年1月から12月

以下、この一日平均発行部数の推移を見てみる。『東京日日新聞』は急速に部数を拡大し、明治一〇年（一八七七）には一万部を超える。この後、翌一一年には七千部台に急落するが、一二年以降は回復基調となり、一五年は八千五百部近くである。『郵便報知新聞』は着実に部数を増やし、明治一一年に八千部を超えた。『朝野新聞』は明治八年の千八百部から翌九年には二倍以上の約四千部近くになり、その後も部数拡大が続き、一四年に一万部を超える（翌一五年は九千部台）。

こうした中で、特に注目すべきは『読売新聞』である。同紙は、明治七年（一八七四）一一月に創刊された。創刊号の発行部数はわずか二百部だった（読売新聞社史編集室編『読売新聞発展史』）。

それが一気に急成長を遂げ、明治八年（一八七五）に三千八百四十四部となり、明治一〇年にはさらに部数を拡大し、二万部を超えた。『東京日日新聞』の倍近い部数である。二万部台は一三年まで続き、一四年から少し減るが、それでも一万七千部以上である。『読売新聞』の急成長は、言うまでもなく新聞読者の増加を意味した。

むろん、発行部数が着実に増えたといっても、この時期の新聞の発行部数は、今日、百万のオーダーで数えられる全国紙や数十万部を発行する有力地方紙に比べるべくもない。だが、情報を広く伝えるメディアはまだ活字媒体しかなかった。同じ活字媒体でも日々発行される新聞の力は雑誌に勝る。新聞を通じたコミュニケーションの回路は、口頭によるコミュニケーションと違って、多様な広がりを持つ。そうした回路がこの時期、日本に初めて登場したのである。その影響力は今日の新聞の発行部数との単純な比較のみで計ることはできない。*

＊識字率が低く、一般庶民は新聞を読むことができなかったのではないかという指摘があるかもしれない。この時期の、特に一般庶民の識字率の低さはたしかに新聞購読を阻む要因の一つになっただろう。だが、この時期、各地に生まれた公営ないしは私設の新聞縦覧所などにも注目する必要がある。こうした場所では、新聞解説会なども開かれ、新聞の内容を説明する催しも開催された。

「小新聞」というメディア

部数を拡大した各新聞の中で、先に指摘したように、特質すべきは『読売新聞』の台頭である。

なぜ、同紙はかくも急成長したのだろうか。「報道される天皇」という本書の主題にとっても、その理由を説き明かす必要がある。

『読売新聞』創刊号には、次のような「稟告《しらせ》」が載った（「稟告」のルビは原文。以下の引用でもルビは原文のまま）。

此新《このしん》ぶん紙《し》は女童《おんなこども》のおしへにとて為《ため》になる事柄《ことがら》を誰《だれ》にでも分《わか》るやうに書《かい》てだす旨趣《つもり》でございますから耳近《みゝぢか》い有益《ためになる》ことは文《ぶん》を談話《はなし》のやうに認《したゝめ》て御名《おな》まへ所《ところ》がきをしるし投書《よせぶみ》を偏《ひとへ》に願《ねが》ひます

漢字にはすべてルビがあり、「有益」や「談話」といった漢語にも意味を伝えるルビが付してある。「文を談話のやうに」とあるが、この「稟告」そのものが、そうした談話調の文体で書かれている。『読売新聞』に代表されるスタイルの新聞は、間もなく「小新聞《こ》」と呼ばれるようになる。ルビ付きの「小新聞談話体」と呼ばれる文章が特徴である。

明治前期の新聞の歴史を語るとき、必ず「小新聞」と「大新聞《おお》」の違いが言及される。小新聞は、その名の通り、判型が『東京日日新聞』など先行の新聞より小さかったことによる命名である。大新聞は小新聞の誕生によって、逆にそう呼ばれるようになった。むろん判型だけではなく、内容の違いもある。小新聞・大新聞の区別は、むしろこちらが重要である。

分かりやすい指標は「論説」的記事の有無である。先に明治九年（一八七六）の巡幸に関する初報が載った『東京日日新聞』を紹介した際にふれたように、大新聞である同紙は「官報」的な部分の後、「東京日々新聞」の柱を設けて、長文の論説を掲載している。『読売新聞』などの小新聞には、こうした記事はない。一方、『読売新聞』では『東京日日新聞』の「雑報」欄に掲載されているような種類の記事が豊富である。記事の重点に注目して、大新聞＝「政論新聞」、小新聞＝「社会面新聞」と考えると分かりやすいだろう。*

＊研究史を踏まえた小新聞・大新聞についての分析は、土屋礼子『大衆紙の源流――明治期小新聞の研究』に詳しい。

小新聞の「小新聞談話体」は、必ずしも小新聞特有のものではない。先に引いた『東京日日新聞』の「雑報」欄でも同じような文体が使われている。『読売新聞』のように「全部ルビ付き」ではないが、かなりルビも使われている。とはいえ、小難しい文章で書かれた「政論」ではなく、とっつきやすい巷の話題が総ルビ付きの談話体で書かれた記事で埋まる。『読売新聞』との違いは大きい。創刊号の「稟告《しらせ》」で「女童《おんなこども》のおしへにとて為《ため》になる事柄《ことがら》を誰《だれ》にでも分《わか》るやうに書《かい》てだす旨趣《つもり》」とうたった『読売新聞』は、漢文調の文章を読みこなせる旧士族や上層の平民以外の庶民に広く受け入れられた。後にみるように、『読売新聞』などの小新聞にも巡幸の記事は詳しく掲載された。「報道される天皇」の誕生にとって、小新聞というメディアの登場は重要な要素の一つである。

「吾曹先生」の論説

巡幸をめぐる新聞報道の変化という点では、再び『東京日日新聞』の紙面に注目したい。巡幸が太政官布告として掲載されたのが、明治九年（一八七六）四月二六日だった。その二日後の四月二八日の「東京日々新聞」の欄は、巡幸をテーマに取り上げている。

この時期、この欄で論説を執筆したのは主に福地源一郎である。福地は「吾曹」を主語にした記事を書き、論陣を張った（「吾曹《ごそう》」は「われわれ」の意味）。福地については、前に『江湖新聞』の主宰者として簡単にふれた。維新以後、新政府に出仕し、大蔵省一等書記官となるが、明治七年（一八七四）、大蔵省を辞し、『東京日日新聞』に入社し、健筆をふるう。同年一二月には、同紙の発行元の日報社の社長となった。

明治七年一月、前年の征韓論政変で参議を辞職した板垣退助らが太政官左院に民撰議院（国会）の開設を求める建白書を提出した。これをきっかけに主として新聞を舞台にして民撰議院論争が起きた。福地は、この論争で即時開設は時期尚早とする漸進論を主張するなど、活発に『東京日日新聞』に論説記事を書いた。やがて「吾曹」による論説記事は『東京日日新聞』の売り物となり、世間では「吾曹先生曰《いわ》く……」といった言い方がされたりしたという。「東日」（『東京日日新聞』の略称）の吾曹先生」は有名人だったのである。

その吾曹先生が、さっそく、巡幸について論じたのである。『東京日日新聞』は『横浜毎日新聞』のように、巡幸をニュースとして伝えることはなかったが、巡幸を太政官布告として掲載しただけでなく、巡幸についての論評をほぼ同時に掲載したのである。明治五年（一八七二）の西国巡幸の際には、論説的記事は『日新真事誌』のジョン・レディ・ブラックによるものだけだった。

『東京日日新聞』の吾曹論文は、内容的に見ると、『日新真事誌』の記事に比べて一歩踏み込んだ論調であり、「報道される天皇」誕生をめぐる新しい要素と言っていい。

「見える天皇」への視点

一面から二面に続く「吾曹先生」の論文は、長文にして、まことに難解である。意味の分からない漢語が頻出する。次は、冒頭に近い一節である。難解さを実感してもらう意味で、原文のままルビなしで引く（一字空きは原文）。

吾曹ハ今般ノ　御巡幸ニ関シテ漫ニ祝頌ニノミ従事シ上ミ翼賛ノ　聖望ニ背キ下モ溢美ノ醜徳ニ陥ルヲ欲セザルニ付キ茲ニ喋々セザルヲ以テ尽敬ノ至ナリト思惟シ直ニ奥羽ノ　御巡守ハ百工ヲ釐メ帝之載ヲ熙ムル為ニ何等ノ明績アルベキ乎ヲ恭察セザル可カラズ

巡幸を祝うのは当然のことなので、そのことは置いて、巡幸が民衆の統治や天皇の存在を人々に認識させるためにどれほど役立つかについて考えたい、といったところか。この視点から論じる内容は大意をくみ取れば、以下のようになる。

幕府が崩壊した今、領主しか知らず、将軍がいることも知らなかった人民は、もとより朝廷の存在を知らないままである。巡幸の奉迎を通じて、人民は正しく天皇の存在を知ることになろう。かつて領主が威儀を正して領内を視察した際には、人民は準備に奔走するだけで領主の乗った輿さえ見ることができなかった。これに対して、巡幸は簡素であり、奉迎を通じて人民は聖徳を感じることができる。鎮台や学校に直接足を運ぶことで、人民を感激させるだろう。この結果、人民の気力は増し、進取の精神を持つようになる――。

政府が巡幸を行う意図を、「吾曹先生」は、正しく認識していたのである。むろん、「見える天皇」といった言葉は登場しない。だが、天皇の存在を直接に知ることで、民衆が「聖徳」「帝恩」を感じることになるという、その主張はまさしく「見える天皇」の意味を語ったものと言っていい。

『読売』は全文ルビ付き、平易な文章

新聞の記事量が増え、「官報」ではなく、「ニュース」として巡幸を扱うようになったことで、巡幸に関する報道は、明治五年（一八七二）の西国巡幸のときと大きく違って、多彩になった。まずは巡幸出発前の記事を見てみよう。

明治五年には巡幸の道筋に当たる県に対して注意事項が「御巡幸ニ付其筋エ御口達ノ写」（『東京日日新聞』明治五年五月二〇日）というかたちで掲載された。明治九年（一八七六）の巡幸に際しても同様な「御口達」があったことが、五月一一日の『東京日日新聞』紙面で分かる。しかし、明治五年の同紙には「御口達ノ写」として掲載されたのだが、今回は「雑報」欄に、「弊社の者が道路で聞《きい》た所では　御巡幸沿道《みちすぢ》の各県へお達しに成《なつ》た」という十三項目を伝えている。「道路で聞た所」というのは、つまり取材で得たということなのだろう。「雑報」欄の掲載だったことも含めて、「御口達ノ写」をそのまま載せた明治五年の紙面とは、大きく異なる。

ただ、『東京日日新聞』のこの記事は、その後の「お達し」部分は「お達し」をそのまま掲載している。これに対して、記事の末尾に（日々新聞）と記して、記事が『東京日日新聞』からの転載であることを明記した五月一二日の『読売新聞』三面の記事は、「お達し」の内容を全文漢字ルビ付きの平易な文章に書き直している。一部を紹介すると、こんな調子である（ルビは一部省略。一字空きは原文のまま。以下同じ）。

御通行を拝見するは勝手次第往来留《おうらいどめ》には及ばない
仕事でも商《あきな》ひでも平日の通りにいたして宜《よろ》しい、諸献上ものは一切成らない
御休泊の御ざしきは見繕《みつくろ》ひでいたせ別に普請をするには及ばない
親孝行もの忠義もの、貞女、などの奇特なものの行状と是まで御褒美を遣《つか》はした次第をも取り調べておき県庁へ　御出《おいで》のとき　叡覧《ごらん》にいれろ
古い器物、書画または産物類そのほか珍《めず》らしいもので最寄に有合せの分は集めておいて　叡覧《ごらん》に備へろ
御膳部一式と御椅子、テーブル、御風呂などは御持越《おもちこし》に成るから用意には及ばない
御浴室《おゆどの》は宮内省の官員と相談して宜《よろ》しく取計《とりはか》らへ
管内人民で年が八十より以上のものは名前を取調《とりしら》べておけ
御泊所には上白米一日分三升（極上きり米）と上の酒、醤油、油、鶏卵、魚、鳥、野菜の類は見つくろツて用意しておけ

たとえば、最初の項目は『東京日日新聞』によると、「御行列拝見勝手たるべく往来人差止に不及庶民営業平日之通可相心得事」という漢文調の文章で漢字にルビはない。相当の識字能力のある者にしか読みこなせないだろう。一方、『読売新聞』の記事は、平がなが読めれば、理解できる。「女童《おんなこども》のおしへにとて為《ため》になる事柄《ことがら》を誰《だれ》にでも分《わか》るやうに書てだす旨趣《つもり》」をうたった同紙の面目躍如といったところである。こうした記事に接した読者は、巡幸を身近に感じたに違いない。

独自の「ニュース」も

前項の記事は太政官から県当局への口達に関するもので、『読売新聞』は平易に書き直していたとはいえ、「ニュース・ソース」は、つまりは「官」だった。これに対して、新聞が独自に情報を得て、巡幸に関連する記事を掲載したものもある。いくつか紹介したい。

五月五日の『読売新聞』は「新聞」（「ニュース」の意味）のコーナーの三番目に短い記事を載せた。次はその全文である。

○主上《てんしさま》が奥羽へ　御巡行になるにつき　皇太后宮《こうたいこうぐう》さまと　皇后さまが日光辺《へん》までお贈《おく》りになるとかいふ噂《うわさ》をきゝました

現代の感覚で言えば、こんなふうに「噂」をそのまま記事にすることはあり得ない。だが、ここで「噂」は独自の「ニュース・ソース」から得た「ニュース」だったのである（もっとも、この「噂」は間違いだった。巡幸の出発に際しては、皇后だけが初日に千住宿まで同行しただけだった）。なお、『読売新聞』は、「主上」に「てんしさま」とルビを付していることにも留意したい。いかにも、庶民向けの小《こ》新聞ならではと言える。

　五月一三日の『読売新聞』には、以下の記事がある。巡幸に対する民衆の反応を伝えるものとして興味深い（ルビは一部省略したが、原文のまま。「主上」はここでは「てんし」になっている）。

○青森辺では　主上《てんし》が御巡行になるとて人々が大よろこび爺《ぢい》さんや婆《ばあ》さんは拝《おが》ミに出る為《ため》だとて珠数《じゅず》の繕《つく》ろひまでいたしお通りのときは地へ坐《すわ》ツて拝んでよいか戸を〆《しめ》て節穴から拝めば叱られまいかのといろ〳〵噂をして居ると申して来ましたが御通行のときは往来へ立《たツ》て居て恭々《うや〳〵》しく礼《おじぎ》をすればよいので（帽子を冠《かぶ》ツたものはとり馬車、人力車、馬に乗ツて居れば勿論《もちろん》下《おり》る）

『東京日日新聞』にも「官」の布達類の告知とは違う記事が散見できる。次は、五月二二日の「雑報」欄に載ったものである。大《おお》新聞らしく、小《こ》新聞の『読売新聞』よりは、内容も文章もいささか硬い。

○此度　聖上奥羽地方へ　御巡幸仰出されしにつき御道筋の人民は大に喜び道路修繕の入費等

を競つて献金する者あり就中《なかんずく》内国通運会社の福島分社より金千円道路修繕御用金の中へ献金致し度《た》き旨を福島県庁へ願出たるよし

ただ、これも独自の「ニュース・ソース」による報道と言っていい。海路がほとんどだった明治五年（一八七二）の西国巡幸と違って陸路を行くことになっていた今回の巡幸では、各地の道路状況が大きな問題になっていた。政府は県の負担を抑えるべく、道路は本格的に補修する必要はなく、馬車の通行に支障のないように平坦にするだけでいいとの通達を出していたが、各県は他県の状況などを横にらみして、財源に苦慮しつつ、道路の補修に熱心に取り組んだ（長谷川栄子『明治六大巡幸——地方の布達と人々の対応』）。『東京日日新聞』の記事は、こうした状況の一端を伝えるものだろう。

むろん、巡幸の経路や宿泊地、小休所、供奉のメンバーなどを詳報した記事は、巡幸出発前の各紙に載っている。これらは、言うまでもなく「官」の公表を受けたものである。ただ、こうした「官の告知記事」にしても、「雑報」欄に掲載されるようになった。ここにいくつか紹介した記事を含めて、この時期の新聞の報道機関としての、いわば成長を読み取ることができるだろう。こうした成長の結果、巡幸出発以後の大々的な報道が行われたのである。『東京日日新聞』では、巡幸出発の翌日、六月三日の紙面に「御発輦の記」が載る。

新聞記者・岸田吟香の登場

「御発輦の記」は、この日の二面「雑報」欄の最初の記事である。全文四十七行（一行二十五字）、四百字三枚弱だから、この時期の新聞記事としてはかなり長い。とはいえ、行の中央に、本文と同じ大きさの活字の「○御発輦の記」とタイトルがあるだけだから、それほど「特別扱い」という感じはない。執筆者の名前はないが、日曜日の休刊をはさんで六月五日から「御巡幸の記」を「岸田吟香報知」と明記して連載する岸田吟香に違いない（タイトルは「御巡幸の記」のほか、「御巡幸ノ記」「御巡幸之記」となっている日もあるが、六月一七日からは「御巡幸ノ記」になる。以下、「御巡幸ノ記」で統一。「岸田吟香報知」は六月六日以降は「岸田吟香報」）。

写真４　岸田吟香

岸田の「御巡幸ノ記」は、この後、七月二五日まで、三十七回にわたって『東京日日新聞』に長期連載される。一回の記事量も増え、「付録」というかたちで特別掲載されることもあった。その内容については、次章で検討するが、その前に筆者である岸田吟香についてふれておく。すでに、岸田の名前は『横浜新報もしほ草』に関係して言及した。岸田については、私はすでに短い評伝を書いたことがある。ここではそれを要約するかたちで、「新聞記者・岸田吟香」を素描しておきたい。「報道される天皇」の誕生には、媒体《メディア》としての新聞だけでなく、「報道する人」＝新聞記者の存在が不可欠である。その先駆けとなった岸田吟香は、本書にとって重要な存在と言える。

＊『幕末明治 新聞ことはじめ――ジャーナリズムをつくった人びと』の「第4章　岸田吟香の才筆――新聞記者の誕生」

ヘボンの和英辞書作りを手伝う

岸田は、天保四年（一八三三）四月二八日、美作国《みまさかのくに》垪和村《はがむら》（現・岡山県久米郡美咲町）で、父秀治郎、母小芳の長男として生まれた。幼名は辰太郎《たつたろう》。生家は酒造を営む旧家だったが、幼いころから非凡な才能を発揮し生家を継ぐことはなく、十九歳にして江戸に出た。幕府の学問所である昌平黌で学び、文久元年（一八六一）三月、三河拳母藩《ころも》の儒官となる。しかし、わずか数カ月で脱藩してしまう。

そこから岸田の型破りの人生が始まる。江戸に舞い戻った後、左官の見習い、湯屋の三助など、種々の職業に従事し、市井での生活を経験する。吉原の妓楼に奉公し、その当時、銀次あるいは銀治と名乗っていたことから、周囲から「ギン公」と呼ばれていた。これが後の吟香という名前の由来という。

妓楼での仕事ぶりが認められ、経営を任されるまでになったが、吉原大火を機に妓楼を辞める。そのころ、眼病の治療でジェームズ・カーティス・ヘボン医師と出会う。ヘボンは和英辞書の編纂を進めており、岸田は彼の助手として、慶応二年（一八六六）九月、ヘボン夫妻とともに上海に渡る。

辞書を刊行するためには印刷しなければならない。ヘボンは当初、木版での印刷を考えたようだが、英文と漢字、ひらがなが混在し、かつ膨大なページを木版にすることは不可能と分かって上海に渡ったのである。上海には長老派教会が聖書を印刷するために設立した印刷所である美華書館があった。

しかし、美華書館には漢字の鉛活字はあったものの、日本語のカタカナやひらがなの活字はない。このため岸田がカタカナやひらがなを書いて版下とし、それをツゲの木に彫って字母にした。ヘボンの和英辞書は、慶応三年(一八六七)三月、『和英語林集成』として出版された。英語による最初の日本語辞典である。ローマ字表記の見出しにカタカナと漢字表記を添え、品詞を示し、英語による語釈を加えている。初版の見出し語は約二万語。明治期になっても版を重ね、明治一九年(一八八六)刊行の第三版からは独自のローマ字表記(ヘボン式ローマ字)を採用した。

目薬が大ヒット

上海から戻った岸田は、自身の眼病治療の経験をもとに精錡水《せいきすい》と名付けた目薬の製造販売を行う。『和英語林集成』編纂援助への礼としてヘボンが目薬の処方を岸田に伝授したとする記述もあるが、岸田はヘボン宅に住み込み、医療の面でもヘボンの助手のような仕事をしていた。目薬の調合をすることもあったから、特に「伝授された」ということではなかったようだ。

当時の日本では眼の疾患に悩む人が多く、治療には練り薬が使われていた。精錡水は硫酸亜鉛の水溶液である。水薬の使いやすさに加え、大々的な新聞広告もあって、飛ぶように売れた。後には上海など中国へも販売網を広げた。

一方で、江戸―横浜間の定期航路を始めた。さらに氷製造販売や石油採掘などの事業にも取り組む。いずれも時代の変化を見越した、いまふうに言えば、ベンチャー・ビジネスである。失敗も多かった。『横浜新報もしほ草』の創刊も、そうした岸田のベンチャー感覚の現れだったのだろう。

「実学的ジャーナリズム」

岸田と『東京日日新聞』とのかかわりを最初に確認できるのは、創刊から一ヵ月ほどたった明治五年（一八七二）三月二七日の紙面である。「横ハマ岸田銀治うじより送られし書中に云」という前書きがある記事が載っている。伊豆の修善寺の湯治客が多いこと、鎌倉江の島がにぎわっていること、開拓使が注文した「アメリカ産の牛馬羊猪など都合四十匹ばかり」が二四日に入港した太平洋飛脚船で荷揚げされたことなどを伝える記事である。

正式に主筆として『東京日日新聞』に入社したのは、明治六年（一八七三）九月中旬である。前年九月に東京（新橋）―横浜間の鉄道が開業し、その影響で乗客が減った定期航路の事業をやめたことで、いくぶん暇になっていたらしい。一〇月二九日の『東京日日新聞』の紙面に「編輯人　岸田吟香」の名前が登場している。

主筆としての最初の大きな仕事は「養生小言」の連載である。明治七年（一八七四）二月一七日から三月二七日まで断続的に十七回掲載された。まだ裏表二ページしかない紙面の一面のかなりのスペースを埋めている。堅苦しい文章で書かれた記事の中で、「養生小言」の平易な文章は異色である。かねてから岸田は漢語調で難しい新聞文章を批判していた。その批判を実践で示したのである。三月四日には「予が前日より此新聞に記す所ハ学者の説く如き高尚なる論にあらず、無学の人にも女子共《こども》にも皆よくわかるやうに書き記せり」と自らの執筆姿勢を明らかにしている。その実践例を一つだけ紹介しよう。散歩の効用を説いた三月二七日の記事である（ルビは原文）。

○運動法ハ散歩を第一とす。凡そ半道より一里まで位の処を一時の間ほどに行て返るべし。其行方《あるきかた》ハ少し早きをよしとす

○散歩ハ凡そ其行さきの目当を定めてさツ〳〵と其所まで行きて返るべし。時刻ハ朝をよしとす。朝ハ人の精神たしかにて世間の空気も清浄《きれい》なる故その功甚《はなは》だ多し。朝飯後八時より九時までの内に、毎日にても又ハ二日めか三目おき位にても散歩すべし

「養生小言」は岸田がヘボンから学んだ西洋医学の知識を背景にしたものだから、民衆に対する啓蒙という側面が強い。しかし、岸田の文章には啓蒙に伴いがちの「上から目線」は感じられない。「養生小言」に、岸田の記者活動に一貫する「日常生活者の実学的ジャーナリズム」の原点を指摘する見方もある（山口功二「ニュースの発見（2）――『東京日日新聞』と岸田吟香のジャーナリズム」）。「実学的ジャーナリズム」と呼ぶかどうかはともかく、岸田は「日常生活者」（＝読者）の関心に直接応えるべく、新聞記事を書く人だったことは間違いない。

明治七年（一八七四）五月、政府は台湾へ出兵する。出兵に至る経過は省くが、岸田は自ら志願して、日本軍に従軍して、戦況や台湾の状況を現地から「台湾信報」として連載した。連載は断続

的に二十八回に及んだ。体調を崩して帰国後は療養を終えて、台湾の現地ルポとも言うべき「台湾手稾」（「手稾」は「手稿」と意味・読みとも同じ）も連載した。岸田の「台湾リポート」は読者の評判を呼んだ。岸田吟香は、『東京日日新聞』が誇るスター記者となったのである。読者の関心に応えるべく、「現場」からリポートする。これが新聞記者・岸田の方法だった。こうした方法が巡幸に関しても実践されたのが「御巡幸ノ記」に他ならない。

図版7　明治９年６月５日『東京日日新聞』

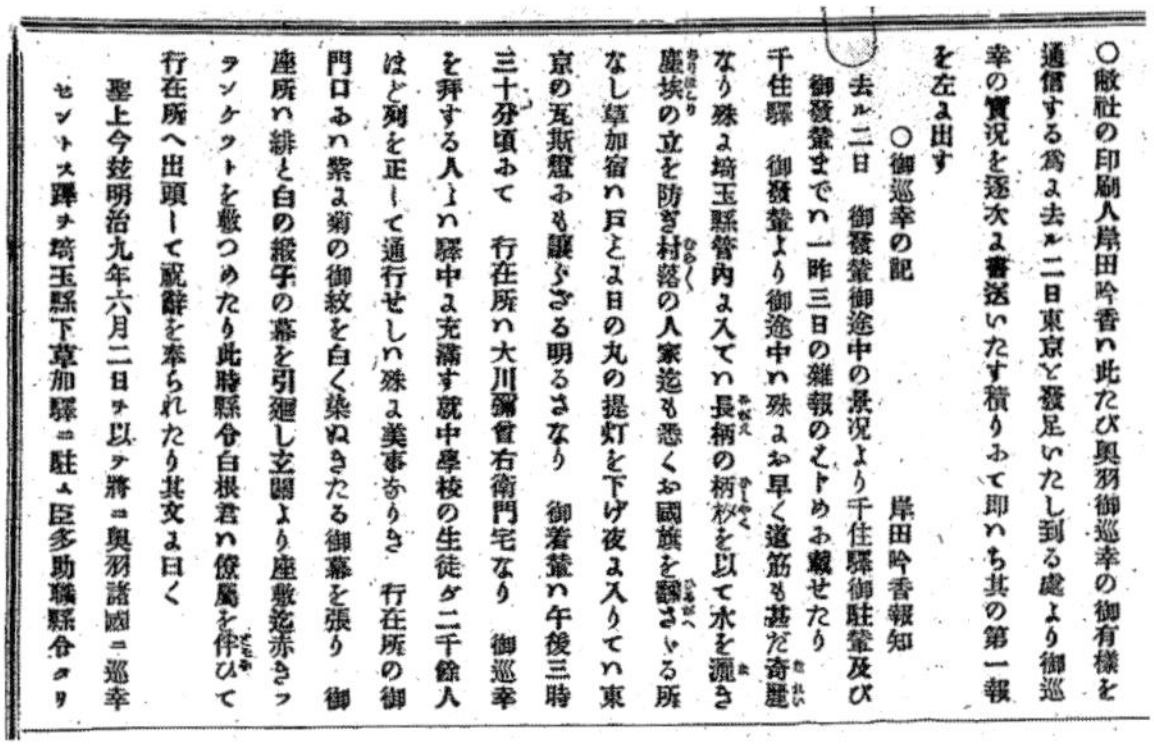
○敝社の印刷人岸田吟香は此たび奥羽御巡幸の御有様を通信する爲に去ル二日東京を發足いたし到る處より御巡幸の實况を逐次に書送いたす積りにて即ち其の第一報を左に出す

○御巡幸の記　岸田吟香報知

去ル二日　御發輦御途中の景况より千住驛御駐輦及び御發輦までは一昨三日の雜報のところに載せたり

千住驛　御發輦より御途中は殊にお早く道筋も甚だ奇麗なり殊に埼玉縣管内に入ては長柄の柄杓を以て水を灑き塵埃の立を防ぎ村落の人家迄も悉くお國旗を飜へさゝる所なし草加宿は戸ごとに日の丸の提灯を下げ夜に入りては東京の瓦斯燈にも讓らざる明るさなり　御着輦は午後三時三十分頃にて　行在所は大川彌曾右衛門宅なり　御巡幸を拜する人々は驛中に充滿す就中學校の生徒が二千餘人ほど列を正して通行せしは殊に美事なりき　行在所の御門口には紫に菊の御紋を白く染ぬきたる御幕を張り　御座所は緋と白の緞子の幕を引廻し玄關より座敷迄赤きブランケツトを敷つめたり此時縣令白根君は僚屬を伴ひて行在所へ出頭して祝辭を奉られたり其文に曰く

聖上今玆明治九年六月二日ヲ以テ將ニ奥羽諸國ニ巡幸セントス蹕ヲ埼玉縣下草加驛ニ駐ム臣多助職縣令タリ

強まる新聞への圧力

巡幸出発のもようを伝えた六月三日の『東京日日新聞』の「○御発輦の記」には、岸田吟香の名前はない。先にふれたように、これも岸田が書いたものに間違いないが、日曜日の休刊日をはさんだ六月五日の「雑報」欄に、図版7のように、「○御巡幸の記」というタイトルが登場し、「岸田吟香報知」と筆者が明記される。その前には、次のような前書きが載った。

○弊社の印刷人岸田吟香は此たび奥羽御巡幸の御有様を通信する為に去ル二日東京を発足いたし到る処より御巡

幸の実況を逐次に書送いたす積りにて即はち其の第一報を左に出す

ここには「弊社の印刷人岸田吟香」とある。『東京日日新聞』に入社した岸田が主筆を務めていたことには、前にふれた。なぜ、「印刷人」なのか。これは政府の新聞に対する統制（あるいは「圧力」と言うべきか）が強まったことと関係がある。岸田の「巡幸ノ記」の内容にふれる前に、この時期、新聞がおかれていた状況を瞥見しておきたい。

明治四年（一八七一）の新聞紙条例が、文明開化の道具としての新聞の役割に注目して、政府が新聞の創刊と普及を後押ししたこともあって、新聞創成期が生まれたことは第二章でふれた。しかし、続々と誕生した新聞は間もなく、政府の言いなりになる「道具」から脱していく。明治六年の征韓論政変の後、国会開設を求める自由民権運動が広がったことも背景にある。

こうした状況を受けて、政府は明治八年（一八七五）、新しい新聞紙条例と讒謗律を制定した。明治四年条例は、「あるべき新聞像」を政府自ら提示するものだったが、明治八年条例からは、そうした部分はすべて消えてしまう。新聞発行には府県庁を経て内務省の許可が必要であることを規定した第一条から始まって、以下、罰則規定のオンパレードである。この条例と同時に公布された讒謗律についてはすでにふれた。要するに、新聞は政府にとって文明開化に役立つ道具から、統制・取締りの対象になったのである。

実際、この二つの法令による筆禍事件は相次いだ。明治八年八月から翌年一二月までの各新聞の記事などを調べた日本近代史研究者の稲田雅洋は、合計百四件の筆禍事件をリストアップしている

（『自由民権の文化史――新しい政治文化の誕生』）。中には罰金二百円や一年以上の禁獄といった重い処罰を科せられた例もある（ちなみに、この時期の巡査の初任給は四円）。

「随行記者」の誕生

岸田吟香は主筆あるいは編輯長というかたちで紙面に登場していたが、明治八年（一八七五）八月一九日の紙面に次のような「辞任のあいさつ」を載せて、編輯長を辞める。

私は元来憶《(ママ)》病者で五座りますから、禁獄だの罰金だのが怖くツて〳〵毎日びく〳〵して居ますから、今日から編輯長を免職いたしまして出版人に成りました。其替り極よい編輯長を頼みましたから、是からは又だん〳〵面白いことを沢山に申し上ませう。併し私も手伝ひますから、何とぞ相替らず御評判をお願ひ申し上ます

前編輯長　岸田吟香再拝

「出版人」は先の記事の前文にあるように、間もなく「印刷人」という言葉に変わるのだが、この「辞任のあいさつ」は、この年六月に公布された新しい新聞紙条例と讒謗律による政府の言論弾圧に対する岸田流の批判と読むべきだろう。さらに、『東京日日新聞』としての思惑もあったに違いない。新聞紙条例や讒謗律の処罰対象は編輯責任者である。『東京日日新聞』としては、スター記者である岸田がこうした法令によって処罰され、筆を奪われる事態を避けようと考えたのだろう。

実際、岸田の編輯長退任の直前、たまたま編輯長代理になっていた甫喜山《ほきやま》景雄が新聞紙条例違反で罰金十円、禁獄三十日（自宅禁錮）の処罰を受けている。

こうして、『東京日日新聞』のスター記者・岸田は無事、巡幸に付き従い、日々の動向を伝えることになった。紙面で「随行記者」という言葉は使われていないが、岸田は間違いなく、その後の言葉で言えば「随行記者」だった。岸田以外にも、「御巡幸ノ記」といったタイトルや執筆者の名前はないものの、連日のように巡幸の様子を伝える記事が『読売新聞』や『横浜毎日新聞』などにも載っている。やはり巡幸に付き従っていた記者がいたのである。「報道される天皇」の誕生は、「随行記者」の誕生でもあった。

随行を願い出る

ところで、こうした「随行記者」はどのようにして実現したのだろうか。現代のように取材の自由が保障されていたわけではない。しかも、政府は明治八年新聞紙条例と讒謗律で新聞に対する統制・取締りを強化した時期だった。

こうした疑問を抱えていたところ、次の史料群を見出すことができた。『明治十一年公文録　巡幸雑記　第三』（『太政官期地方行幸史料集成』第10巻）に含まれるものである。『朝野新聞』『郵便報知新聞』『読売新聞』『東京日日新聞』が、巡幸警備の責任者である川路利良《かわじとしよし》大警視に提出した文書で、「随行願書」と言っていい。

図版8は、そのうち日報社（『東京日日新聞』の発行元）が出したもの。「願」とあって、提出者は

副社長の条野伝平である。条野については、『東京日日新聞』創刊の経緯にふれた際に紹介した。『東京日日新聞』創刊メンバーの一人で、この時期、副社長という肩書で『東京日日新聞』にかかわっていたようだ。現代人にはなじみのない「候文」だが、文意は明解である。

今度北国筋の巡幸に際しては「御沿道ノ記事」を時々、新聞紙上に載せたいので、「重立候社員壱名」を随行させたいので許可してほしいという内容である。「一切ノ費用ハ自弁」と断っている。「重立候社員壱名」が岸田吟香だったわけである。

この「願」は七月二九日に提出されている。『朝野新聞』は少し早かったようで、「奉願上候覚」という表題の文書を七月（日付不明）に出している。「行幸ノ節社員横瀬文彦自費ヲ以テ随従」させ、「御巡幸中ノ御盛典ヲ新聞紙ニ相掲ゲ御差支無之分筆記為致度」という内容である。提出者は、「社主　乙部鼎」。

図版８　日報社が提出した随行の「願」

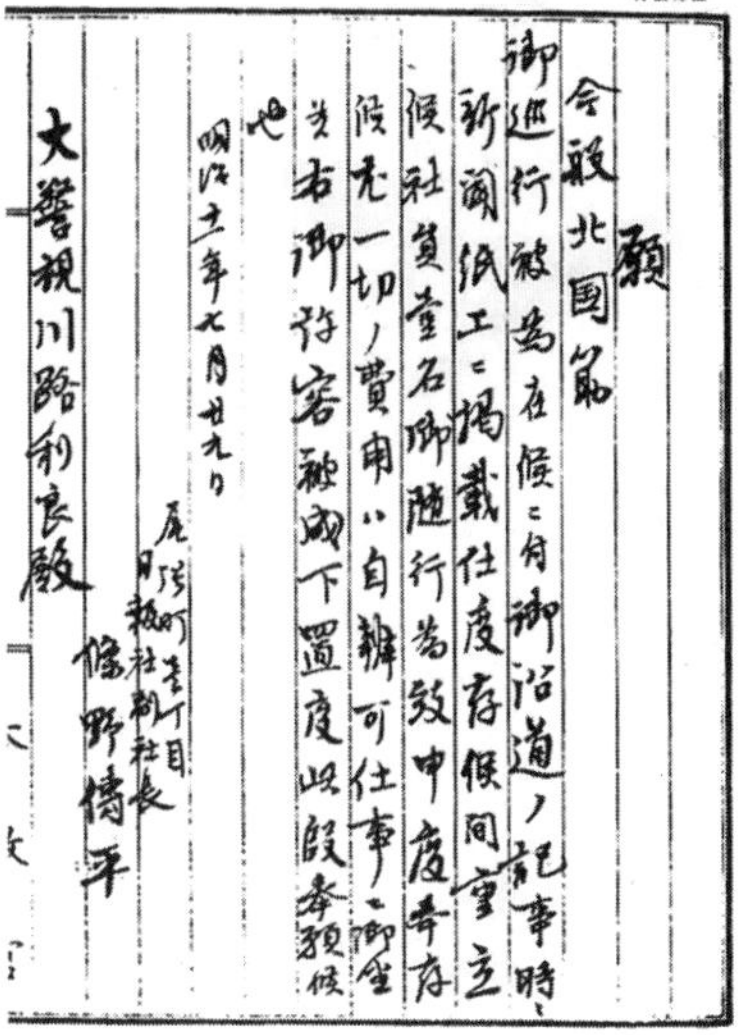
願
今般北国筋
御巡行被為在候ニ付御沿道ノ記事時々
新聞紙上ニ掲載仕度存候間重立
候社員壱名御随行為致申度奉存
候尤一切ノ費用ハ自弁可仕事ニ御坐
候右御許容被成下置度此段奉願候
也
明治十一年七月廿九日
尾張町壱丁目
日報社副社長
條野傳平
大警視川路利良殿

さらに、日就社（『読売新聞』の発行元）は、社長の子安峻の名で七月二四日、「御巡幸ニ付随行御願」を出している。『郵便報知新聞』は七月三〇日、「報知新聞社中　岡敬孝」の名で、「以書付奉願上候」という表題の文書を提出している。「但私費ヲ以テ旅行仕候」と断っている。内容は具体的な文言こそ違うが、要するに

「随行願書」である。『読売新聞』だけ、「費用自弁」が注記されていない。

これらの「随行願書」は、いずれも明治一一年（一八七八）八月三〇日に東京を出発した北陸・東海巡幸に際するものだが、それに先立つ明治九年の東北・函館巡幸については、残念ながら同種の史料は見出せない。ただ、同じようなかたちのものが出されたと考えていいだろう。

「広報体制」もあった？

これらの「随行願書」に対して政府側はどのように対応したのだろうか。実際に岸田吟香らが随行して「御巡幸ノ記」などを新聞に掲載しているのだから、許可したことはまちがいない。一連の「随行願書」と一緒に収録された史料に、七月二〇日、『朝野新聞』の「随行願書」について、御用掛（宮内省）が「品川内務大書記官」に宛てて「差支無之候」と回答した旨を報告している文書が含まれている。「品川内務大書記官」は、後に内務大臣にもなった長州出身の品川弥二郎である。巡幸を直接担当していた宮内省御用掛としては政府首脳の了解を取り付けておく必要があったのだろう。

もう一つ、一連の「随行願書」に続く史料に、政府側の姿勢をうかがわせるものがある。八月一六日の日付で、宮内大書記官の香川敬三から太政官の谷森真男少書記官に宛てた文書である。今回の巡幸は前回より供奉の人数が多く、行在所も混雑が予想されるので、新聞記者の行在所への出入りは禁じる。その代わり、新聞に記載するようなことがあった場合、新聞記者の宿所に直接連絡するようにし、口頭で説明する必要があるときは、書記官または属官の宿所にて申し聞かせるようにしたいので、「出入鑑札」の交付は不要という旨を大警視に申し入れたという内容である。「出入鑑札」がどんなものか分からないが、前回の巡幸に際しては随行記者に与えていたのだろう。政府として広報体制をそれなりに整えていたことがうかがえる文書である。

大久保利通が「大坂遷都建白書」で掲げて以降、明治新政府にとって、新しい統治者である天皇を広く国民に対して「見える天皇」とすることが課題だった。それは巡幸の大きな目的の一つでもあった。「文明開化の有用な道具」としての新聞は、今や時に政府にとって害を及ぼす存在となった。その意味で、政府の側から見れば、新聞の統制・取締りの強化は必然だった。だが、「見える天皇」のためには、巡幸の報道は大いに有用である。新聞を通じて巡幸を直接見ることがない多くの国民の目は天皇の存在と巡幸に注がれる。政府首脳は、このように考えたのだろう。

報道機関としての成長を遂げた、この時期の新聞の巡幸報道の大展開は、新聞への統制・取締りを強めつつ、「見える天皇」の具体化を指向する政府との間の微妙なバランスの中で実現したのである。

新聞の送付を依頼

新聞記者の巡幸随行を許しながら、政府は新聞報道の内容を注視していた。その一端を教えてくれる史料がある。巡幸出発直前の五月末、宮内省の供奉者、駅逓頭《えきていのかみ》、太政官正院の「御巡幸御用掛」との間で「新聞紙逓送」をめぐって、書類がやり取りされている（『東巡雑録』上『太政官期地方巡幸史料集成』第6巻所収）。

「土方大史」（後に宮内大臣などを務めた土方久元《ひじかたひさもと》と思われる）が、駅逓頭の前島密《まえじまひそか》に巡幸先の宿泊場所の一覧を記した別紙とともに、料金は還御後に精算するので「各種新聞紙逓送」してほしいと依頼し、前島駅逓頭がこれを了承している。この件につき、「宮内大少丞」が「正院御巡幸御用掛」に了解を求めた書類も一緒になっている。「各種新聞紙」は、『東京日日新聞』『郵便報知新聞』『朝野新聞』『曙新聞』で、前の二紙が各四部、後の二紙が各二部、合計十二部である。なぜか、主要紙では『読売新聞』が入っていない。

この書類は宮内省が巡幸先への新聞送付を求めたものであり、直接、新聞報道に対する政府の関与を示すものではない。だが、巡幸先で新聞を目にすることができない宮内省の供奉者が新聞の送付を依頼した結果、こうした書類が残ったわけで、中央官庁でも当然、各新聞の日々の巡幸報道を注視していたに違いない。もっとも、この時期、新聞と政府はすでに緊張状態にあったにもかかわらず、こと巡幸に関する報道ではまだ問題は起きていない。

次章では、新聞記者・岸田吟香による「御巡幸ノ記」を読んでいこう。

第五章 「御巡幸ノ記」を読む——明治九年東北・函館巡幸

迷子も出た大混雑

明治九年（一八七六）六月三日の『東京日日新聞』に載った「御発輦の記」は、岸田吟香が書いた記事であることはすでに指摘した。平易な文章をめざす岸田だったが、対象が天皇（巡幸）のためか、「養生小言」などに比べると、文章はいささか硬い。次は冒頭の部分（一字空きは原文のまま。以下同じ）。

昨二日の　御発輦を拝まんと御道筋の両側は万世橋より千住までの間に錐《きり》を立べき隅も無き程に充満し取分けて集まりしは万世橋、上野広小路、千住の三ヶ所なりと知らる。御道筋は令せずして軒ごとに国旗を掲げ命なくして家ごとに番手桶《ばんでおけ》を出し、殊更に是迄の習ひとして貴人ほど夫婦の愛情は薄きものなりしが今は夫《そ》れに打ち替り此たびは畏《かし》こくも　皇后宮様には千住まで御見立あそばさるゝと承《うけたまわ》るより婦女子たちの何《いず》れも左こそと感じ、恐れながら御心を察し奉《たてまつ》り争て御見送を成す為に集まりしものなれば女子の数は却《かえっ》て男子よりも多き様に覚えたり

（「番手桶」は打ち水用の手桶）。

沿道の混雑ぶりは、巡幸出発を報じた他紙にもある。たとえば同じ六月三日の『読売新聞』の記事もなかなかに臨場感あふれている（全文ルビ付きだが、一部は省略）。

昨日《きのう》の朝は天気はよし夜明ごろから我も〳〵と行幸《みゆき》のお道筋へ出かけ赤坂からはじめて途中は実に錐《きり》を立《たて》る地もなく……東京中の人力車は大がいお道筋に出払ふほどにて引きもきれずの群集そのうち万世橋辺などは押倒されるほどにて……

『東京日日新聞』には、「御発輦の記」のほかに、別の記事も載っている。『読売新聞』が押し倒される人もいたと書いた万世橋あたりの群集の中で、泣きわめく女の子の迷子がいたが、官員ふうの若い男が抱き上げて母親を探してくれたおかげで、無事母親と会えたという話である。「狂気の如くに成りて」我が子を探し回っていた母親が後日恩返しをと名前を聞くが、男は「これからも気を付けてください」と言って、そのまま立ち去った。「其の振舞といひやさしくもおかしかりしと探訪者が物語りぬ」と記事は結ばれている（「探訪者」は「種とり」と呼ばれることもあったが、「街だね」を追う現在の社会部記者のはるか前身と言えないこともない）。

「見える天皇」の具体化

岸田の「御発輦の記」で、さすが新聞記者・岸田と思わせるのは、先に引いた部分にもある皇后への着目である。皇后が千住宿（現・東京都足立区）まで天皇と同行したことは『読売新聞』の記事でもふれているが、岸田は、そこに皇室に吹き始めていた新しい空気を読み取ろうとしているかのようだ。千住での天皇と皇后の別れの場面を、岸田は次のように記す。岸田の目は、ここでは天皇以上に皇后に注がれている。

御行列の次第を拝せしに真先に警視官員数十騎、巡査数十名にて御先導し奉り儀仗兵、御旗、御先キ車、御輦、皇后宮御車（御輦《ぎょれん》も御車も共に蓋《おおい》を開き　聖上には御平服　皇后宮には薄紅梅の御衣、紅の御袴を召させられ蝙蝠傘《こうもりがさ》をさゝせ玉ふたり）……午後二時十分の　御発輦にて草加駅へ向はせ給ふに　皇后宮は先に親しく御車の側まで歩ませ給ひ　聖上の御乗車の折に御傘を横にし御別《おわかれ》を告《つげ》させ給ひし御有様は何と無く拝見せし賤の女までも涙を浮《うか》めたりき

岸田は、皇后の服装を、その色まで記している（「蝙蝠傘」は、日よけの洋傘だろう。洋傘は文明開化の風俗だった）。天皇は鳳輦に乗り、皇后は馬車に乗っていたが、「共に蓋《おおい》を開き」とある。岸田が、どのような位置から巡幸の行列を見ていたのかは分からない。一般の「見物客」と違って、「取材記者」として優遇されていたのかもしれない。

三百余人による田植えを叡覧

日曜日の休刊をはさんで六月五日から「御巡幸の記」が始まり、筆者が「岸田吟香報知」と明記されるようになったことは先にふれた。

巡幸の行列は、日光街道を北上する。岸田は沿道の様子を「御巡幸ノ記」の各所で丹念に記述している。「御巡幸ノ記」のタイトルと岸田の名前が明記された最初の回である六月五日には、冒頭、

千住宿で御小休《おこやすみ》（休憩）した後に筆は進む（ルビは原文のままだが、適宜新たに付した。以下同じ）。

> 千住駅　御発輦より御途中は殊《こと》にお早く道筋も甚《はなは》だ奇麗《きれい》なり。殊に埼玉県管内に入ては長柄《ながえ》の柄杓《ひしやく》を以て水を灑《ま》き塵埃《ちりほこり》の立《たつ》を防ぎ村落《むら〳〵》の人家迄も悉《ことごと》くお国旗を翻《ひるがへ》さゞる所なし。草加宿は戸ごとに日の丸の提灯を下げ夜に入《はい》りては東京の瓦斯灯にも譲らざる明るさなり

先に巡幸出発前の『読売新聞』の記事を紹介したが、五月二五日の同紙には「〇奥羽の御道筋は家ごとに日の丸の旗を出すことにお達《たつ》しが有ました」という短い記事が載っている。この「お達し」は出所は不明だが、こと埼玉県に関しては、この布達が守られたようだ。家々が日の丸の旗を出している光景は、その後も「御巡幸ノ記」に登場する。

巡幸に際しては、天皇が叡覧《えいらん》した各種の行事があった。六月三日、草加宿を出た天皇は、蒲生《がもう》村（現・埼玉県越谷市）で田植えを叡覧する。岸田はその模様を六月五日の第一報に次のように書いている。

> 三日の朝七時草加駅を　御発輦あらせられ……御途中の蒲生村にて田植を　叡覧あらせ給ひたり（粕壁の近所は麦作の田地が多きゆゑ田植はいまだ初まらず蒲生村より南み草加までは此節が田植最中なり）。大枝、大畑、大泊辺の村々にて男子は白だすき女子は赤だすきの揃《そろ》ひにて何れも晴の服を著し一様に菅笠を冠《かぶ》り凡《およ》そ三百余人が打ち揃ふて田植を成せしは誠に見ものな

りき。　聖上はいと奇《めづら》しき事と見そなはし暫《しば》らく御車を停めさせ給ひぬ。〇此辺の女は皆〳〵東京風にて中々みめうるはしく流行も早く来ると見え髷《まげ》には緑色の切《きれ》を掛け緑色の花かんざしをお揃《そろい》に挿《かざし》たりき

この田植え風景叡覧は、白根多助埼玉県令が岩倉具視に「提案」して実現したらしい。三百余人の動員に加え、そろいの赤と白のたすき、女性の髷を飾る緑色の切（布）と花かんざしを用意した。県は周到な準備と演出によって、この田植えを実行したことがうかがえる。六月六日の「御巡幸ノ記」には、このとき動員された「早乙女等へは県令白根君より金拾円下されしよし」とある。

それはともかく、岸田の描く田植え風景はなかなかに美しい。「いと奇《めずら》しき事と見そなはし」の「見そなはし」は「ご覧になって」という意味である。天皇は田植えを見るのは初めてだっただろうし、色彩豊かな田植え風景は、天皇にとっても「誠に見もの」だったに違いない。この後、「田植え叡覧」は各所でも行われ、岸田もそのつど伝えているが、この最初の「田植えイベント」が岸田にとっても印象的だったのだろう。

男女老少とも未明より

巡幸の行列を見ようとして集まる人々の様子も「御巡幸ノ記」は描いている。次は、蒲生村での「田植え叡覧」を記した後の記事。

御道筋は至て清浄に掃除が行届き御輦《くるま》を拝見せんと男女老少とも未明より出掛け山の如くに麦畑のへりや田の畔《あぜ》に集り、御国旗を出さゞる家とては一軒も無し殊《こと》に天気もよろしければ拝見の人々も大悦《よろこ》びの色あり

集まった人々の中で「異彩」を放った老女がいたことにもふれている。このあたりの細部《ディテール》の描写は読者の臨場感を誘ったことだろう。「五十余の老女が金糸の総縫《そうぬい》模様のかいどりを着用し両手三指を突《つき》て拝みせし」というのだ。岸田は「此服は昔し去る御殿に在りし日の名残《なごり》なるべし」と推測している。「かいどり」は「打ち掛け」のことである。

もっとも、この「五十余の老女」（当時は「五十余」で「老女」だった！）は相当に目立ったようで、『読売新聞』の随行記者も「五十ばかりの婆《ばあ》さんが昔の御殿女中の着物を着て拝んで居りました（金糸や赤の模様のついた）是《これ》はよほど可笑《おか》しく……」と書いている。ちなみに、『読売新聞』は、連日「御巡幸のつゞき」という書き出しで、巡幸のもようを伝えている。また、『朝野新聞』も六月六日の紙面に「御巡幸記事　第一報」を一面トップ記事で掲載した後、巡幸の記事を継続的に掲載している。先に「随行願書」にふれたが、「随行記者」は岸田吟香だけではなかったのである。ただ、これらは岸田の「御巡幸ノ記」に質・量とも及ばない。以下、「御巡幸ノ記」から「報道される天皇」のいくつかの場面を見ていきたい。

までの様子である。

鎮守の祭礼を見物するありさま

沿道の人の波はその後も続く。次は、六月六日掲載の「御巡幸ノ記」から。三日幸手《さって》宿に着くまでの様子である。

越ヶ谷、杉戸、幸手駅の間、拝見の人は山の如くなり。是は宿内近郷は云ふに及ばず或は関宿、野田の辺、或は熊谷県下中仙道の辺、およそ十里以内の村々より、我も〳〵と押し集り往来及び田畔の間に群集せり。然るに雨降り出し、駅内の旅店は意外の僥倖にこそとかしこみぬ

「かしこみぬ」とあって、いちおう「恐れ多くも」と畏まっているわけだが、実のところ巡幸の余得をありがたがっているのである。拝見のために「山の如く」集まった人々には、物見遊山の感覚があったことを、岸田はしっかり見ている。

天皇一行は、日光東照宮、華厳の滝などに立ち寄った後、一一日、宇都宮から佐久山宿（現・栃木県大田原市）に至る。途中の道は前日の雨でぬかるみ、途中から天皇は輦《くるま》から板輿《いたごし》に乗り換えて進んだ。次は、那須野が原の一角に設けた御小休所《おこやすみじょ》での光景である（以下、六月一五日紙面）。

夫《それ》より北の野中に国旗を六七間毎に一本宛、竹に結びて建《たて》、其間〳〵に一群づゝ拝見人が集り、何村〳〵といふ木札を建て草に座し御車の過《すぐ》るを待《まち》かけたるは鎮守の祭礼を見物するありさまなりき

人々は、天皇を「鎮守の神様」と同様の存在として受け止めていたらしい。天皇を神として奉る光景は別のかたちでも見られた。「佐久山の南の山上」で「人家三戸ばかりなる寂しき村」での一場面である。

道端の家の表に屏風《びょうぶ》を立て其前に三方《さんぼう》を出し大きやかなるお供《そなえ》の餅を積あげ二ツ瓶子《へいじ》に杉の葉さして三人ばかりの名を書《かき》て張《はり》つけたるが飾りてあり

これはもう神棚の作りそのものと言っていい。佐久山では神官まで登場する。

葉の附たる青竹を二本建て、注連《しめ》を張り其本に神官とおぼしき者が四五人、烏帽子《えぼし》直垂《ひたたれ》を着し、草に座して拝し居たり

神官こそ登場しないものの、こうした光景は各所で見られた。鍋掛宿《なべかけ》(現・栃木県那須塩原市)でも、「青竹を二本立て注連《しめ》を張り中へ棚板をわたし其上に二ツの神酒《みき》徳利をならべ」たり、「お供へ餅を軒先へ出したる家、殊に多かり」という。これらの「神棚作り」は、政府の布達などにあったわけではない。人々が自発的に行ったのである。

小学生の「奉迎」動員も

各所で「山の如く」集まった人々は、「神棚作り」と同じように、県などから動員があったわけではない。巡幸という得がたい場面に、いわば自分たちも参加するべく、近郷近在ばかりではなく、遠い村々からも人が押し寄せたのである。こうした「山の如く」集まった見物客の姿は、「御巡幸ノ記」の各所に登場する。

一方、これと違って、明らかに奉迎に動員されたのは、各地の小学生である。その姿は巡幸スタート間もなくから見られた。六月六日の「御巡幸ノ記」は、三日、幸手宿に着くまでの沿道の一場面として、次のように記している。

此日拝見人群集の中に学校の教師が生徒を数多《あまた》引き連れ縄手の樹の間に二行或は三行に整列し鳳輦を望で敬礼を行はしめたり。其の行儀の正しかるは兵隊の調練に異《こと》ならず以て平素教員の厳正なるを見るべく以て学運の盛隆なるを知るに足るべし

奉迎の列に並ぶ小学生の姿は、その後も何度も登場する。奥州街道に入って、次は一三日に通過した白坂宿（現・福島県白河市）近くの「戸数僅《わず》か二十戸ばかりの小村」での見聞である（六月一六日紙面）。

此所に左に図するがごとき木札を建て小学校の生徒が七八才より十才ばかりの小児を前に立て

図版9　明治9年6月16日『東京日日新聞』の挿絵

其うしろに十二三才また其うしろは十四五才と背の丈によりて順を立、行儀よく並んで拝見に出たり。人数を問へば二千人あまりにて白河其他の村〳〵の小学生徒を集めたるよし。衣服の美なるは東京の人にも劣らず宇都宮以北には曽《かつ》て見ざりし美装なり。男児は黒の洋服にて揃《そろ》ひたるも二三群あり、其他は何れも絹の袴羽織にて、女児は七八才より十四五まで皆美しき衣服に袴を着したり（中にも十五六才の娘が西洋の女服を着して蝙蝠傘《こうもりがさ》をさして居たりしは東京といへどもあまり見なれざる所なれば尤《もっと》も目立たり）

右の文中の「左に図する」とあるのは、図版9である。岸田は絵も得意で、「御巡幸ノ記」にもときに自筆の絵を挿入している（ちなみに、岸田の四男は「麗子像」などで有名な画家の岸田劉生）。

さらに翌一四日、白河（現・福島県白河市）を出発した後、矢吹《やぶき》宿（現・福島県矢吹町）の入り口でも、「小学校の生徒が凡ソ弐千五百人ばかり」が奉迎に加わっていた。男児が「白または黒の西洋服」というところは前日と違う。生徒たちは一校一校「奉迎」と書かれた旗を先頭に教官の指揮のもと隊列を組んで進み、「遥《はるか》に　鳳輦をお見受ケ申上《もうしあげ》るを合図に道の傍《かたわら》に整列し」巡幸の行列を拝したという（六月一七日紙面）。

これらの小学校生徒の奉迎を、岸田は「優美の振舞にて感心」し、福島県下の教育が行届いていることを賛美するのだが、子供たちは当然、動員されたのであり、巡幸を前に「訓練」も行われたに違いない。服装を整えることは各戸に負担を強いただろう。

小学校生徒の奉迎風景は、このあとも繰り返し「御巡幸ノ記」に登場する。

飴売り、饅頭売り、かん酒

先に巡幸の行列の沿道の風景を、岸田が「鎮守の祭礼を見物するありさま」と表現していることにふれた。別のところでも「鎮守の祭礼」の比喩が出てくる。ここでは、巡幸が人々にとって「鎮守の祭礼」と同じような非日常の祝祭空間だったことを教えてくれる。次は、六月一四日、須賀川宿（現・福島県須賀川市）での見聞である（一七日紙面）。

ここでも須賀川宿をはじめ近傍（福島県第七区）から集められた小学校生徒二千余人が奉迎した。「みな袴羽織或は洋服にて旗を立てたる下に整列」といった光景は矢吹宿と同じである。さらに、この日の情景を岸田は、次のように描いている。


宿駅は申すまでも無く麦畑の側も田の畔も並樹の間も所せきまで（せまき）拝見人は群集し飴《あめ》売りも饅《まん》頭《じゅう》売りも心太《ところてん》、あんころ、おでん、かん酒も出張して賑《にぎわ》ひたるは鎮守の祭礼と一般相似たりまさに村の鎮守様のお祭りで、いろいろな出店が出て、神社の境内は大賑わいといった光景ではないか。動員された小学校生徒たちの型にはまった奉迎の場面とともに、非日常的な出来事である巡幸の通過が、人々にとって「お祭り騒ぎ」でもあったことを岸田の「御巡幸ノ記」は伝えてくれている。

「お祭り騒ぎ」は夜まで続いた。須賀川では「町々の家ごとに軒提灯を灯《とも》し市中は白昼に異ならず」という賑わいぶりだった。氷売りの売り声が絶えず、「旅店も酒楼も人の山を成す」状態で、小学校の生徒たちも奉迎の際の衣服のまま市中を歩き回っていた。揃いの半天を着た消防の鳶《とび》人足が町々の警備に当たっていたという。

精力的に「天覧イベント」をこなす

先に蒲生での「田植えイベント」にふれたが、巡幸の途次、天皇は各所で、一般の人々の平常の仕事の場面に接している。もっともこれらは「平常」といっても、巡幸を企画した政府と地元当局との綿密な計画のもとで行われた「天覧イベント」である。若い天皇は各地で、こうした「天覧イベント」を精力的にこなしている。いくつか事例をみてみよう。

六月四日、利根川を船で渡る際には、鯉漁を見ている。「白き衣を着たる漁人等」が潜水して鯉をかかえて上がってくる。この日は四十八尾も獲れた。「殊の外　叡慮に叶ひ」鯉全部を三十三円で買い上げた。天皇は珍しい鯉漁とその「大漁」に大いに心を動かされたのである（六月七日紙面）。

前日の六日の「御巡幸ノ記」によると、「利根近傍の人民」より名物の鯉を献上したいという話があり、県令を通じて上申したところ、献上品は受け付けられないということで、この「イベント」になったという。

六月一五日には、須賀川で「産馬会社」に行幸した。「産馬会社」は、馬を飼育している牧場の経営会社である。この日、ここでは馬の競《せ》り市があった。競り市は毎年九月に行われているのだが、この日は特別開催だった。「御巡幸ノ記」には、「今年は天覧に備へ又　主上の御前に於て真験《(剣)》の商売をして御覧に入れ奉りたしと近国へ触しらせた」とある（六月一九日紙面）。実際には最初から良馬だけを選んで競りをしたようで、「真験の商売」とは言えそうもない。乗馬は東京遷都以来、天皇の最大の息抜きだったようで、「乗馬熱」をいさめる声もあった（伊藤之雄『明治天皇』）。巡幸においても馬に乗る場面も何度かあった。初めて目にする馬の競り市は、天皇にとって興味深いものだっただろう。

六月二四日、岩沼（現・宮城県岩沼市）を出発した一行は、例によって各所で小学校生徒の奉迎を受けて道を進める。増田（現・宮城県名取市）では、こんな「天覧イベント」もあった（六月三〇日紙面。「××町」は原文のまま。町名が分からなかったのだろう）。

増田駅の中ほど××町の両側に図のごとき住吉踊の持さうなる万灯を二ッ立てたり。又東側には搗臼《つきうす》を三十ばかり据置《すえおき》十五六才より二十才ぐらゐの女がひとつの臼《うす》に二人り宛《ずつ》白地の浴衣《ゆかた》の裾を高く掲《かか》げて紅《くれな》ゐのゆもじをむき出し、足には草鞋《わらじ》をはき肩には紅き襷《たすき》を掛け、麦搗歌《むぎつきうた》を異口同音に唄ひスト、ン〱スト、ンと麦を搗《つい》て　天覧に供したり

「住吉踊」はもともと大阪の住吉神社の御田植神事に踊られる田植踊だったものが各地に広まった。大きな傘に御幣《ごへい》を垂らして踊る。「図のごとき」とあるように、岸田は挿図を描いている（図版10）。「文明開化」「天下泰平」の文字が書かれている。

臼が三十あって、一つに二人ずつだから、合計六十人の若い女性たちが麦搗歌を歌いながら麦搗きのパフォーマンスを見せたのである。女性たちは白地の浴衣の裾を掲げ、赤いゆもじ（腰巻き）をむきだしにしていたというのだから、なかなかに華やかな「天覧イベント」だっただろう。

図版10　明治9年6月30日『東京日日新聞』の挿絵

群集と巡査のトラブルも

仙台では六月二六日、鎮台で軍隊の調練に臨んだ。旧仙台城の一角の公園では、旧仙台藩士による騎射が行われた。ここでは集まった群集と警備の巡査の間でトラブルも起きている。「天覧イベント」をめぐる興味深いエピソードである。

ともかく集まった人の数が尋常ではなかったようだ。「仙台城下の士民は申すに及《およば》ず両羽二（ママ）陸より三十里五十里を遠しともせず何とぞ龍駕《りょうが》（天皇の乗り物）を拝し奉らん」として仙台の市中に泊まり込んでいた「老若男女の者ども」が、騎射場のある公園に押し寄せた。トラブルのきっかけは不明だが、次のような状況になった（七月一日紙面）。

数十人の巡査が一時に此の園内に走り込み何かは知らねど仙台詞《ことば》にて長き棒を打ち振り〳〵群《むら》がり居《おり》たる数万の人民を園外に追ひ出しければ、老を扶《たす》け幼を負ひたる者は勿論、押しに打れて手足を摺《す》りむき衣服を引き裂き、火事場の如き躁《さわ》きにて漸《よう》やく大町や肴《うお》町通りへ逃げ出したるが、中には公園と云へば何も　天子様お一人の御遊覧所では有るまい、衆と倶《とも》に楽《たの》しみ成さるこそ　叡慮にて有るべきなど、小言を云ふもの有れども巡査は元より仙台の旧士族なれば昔日《せきじつ》圧制の風を遵守し、ナンダわかんねヱと棒を振りて威《おど》し付けるゆゑ見世物小屋の木戸番までが取り溜めたる銭をも片付ず追出されたるは最《い》と可笑《おか》しくも亦《ま》た興醒《きょうざめ》たり

押し寄せた人々は、ただ単に「畏《おそ》れ多い存在」として天皇に拝礼するために来ていたわけではないのだ。人々にとっては「巡幸」という一大イベントに参加することに意味があったと言うべきかもしれない。むろん、天皇はこうした騒乱があったことを知る由もなく、歩いて公園に入り、花菖蒲などを愛でた後、華麗な衣装をまとった旧仙台藩士による騎射を天覧した。岸田は「聖上も坐《そぞろ》に昔の武風を懐《おも》ひ出し玉ひけむ　御感斜《ななめ》ならず見え奉り」と記している。「御感斜ならず」とは、ひとかたならず心を動かされたということである。

松島の「観光」を楽しむ

「天覧イベント」というわけではないが、天皇は巡幸先で各所に行幸している。六月一八日には、二本松（現・福島県二本松市）で、製糸場を訪れた。六月二一日には、現在の福島県桑折《こおり》町にあった半田銀山に出かけている。半田銀山は佐渡、岩見と並んで三大鉱山と言われた。昭和二五年（一九五〇）に閉山したが、天皇が訪れた時期には盛んに銀の採掘が行われていた。天皇は坑口まで歩き、鉱石の採掘からアマルガム銀取り出しまでの工程を詳しく見て回っている。製糸場も鉱山も政府が目指す「殖産興業」にふさわしい行幸先として選ばれたのだろう。

仙台では、日本三景の一つ松島を遊覧する。二七日午前七時、仙台の行在所を出発した天皇は午前十一時半、瑞巌《ずいがん》寺に着く。昼食後、松島の景観を一望する地として知られる観瀾《かんらん》亭に赴いた。次は、七月四日の「御巡幸ノ記」から。

近くは五大堂、経の島、を始め遠くは石浜寒風沢《さふざわ》、桂島其ほか数《あまた》の島々が水煙の間に出没隠映して名状すべからざる絶景なり

ここでも「天覧イベント」があった。「三十人余の漁夫ども」が、引き潮時に竹の笊《ざる》を使って魚を捕る特殊な漁法を見せたのである。天皇はこの漁法にいたく感心したらしい。

聖上も風景のおもしろさと漁業のさまの異《ことな》るをめずらしとやおぼしけん、四時まで此所に御遊

覧あらせられ、やがて満潮とならば御乗船にて群島の間を漕廻《こぎめぐ》り漁網を　御覧あるべきはずのところ夕景に至りて俄《にわか》に風寒く成りければ御延引に成《なり》たり

翌二八日には午前六時に出発して、天皇は松島を見下ろす富山《とみやま》にある大迎寺《だいぎょう》に馬で往復した。岸田は「(多くの島々が) 千態万状、朝霞水雲の間に隠顕出没して其《その》奇絶なるは中〳〵筆に写すべきに非ず、暫《しば》らく　叡慮を慰さめ玉ひける」と、島々と海とが織りなす光景に旅情を感じただろう天皇の気持ちを推し量っている。

田の草取りを見る

ここまで「天覧イベント」をいくつか紹介したが、青森県五戸《ごのへ》(現・青森県五戸町) では、めずらしい田の草取りに遭遇している。七月二一日の「附録」として二ページにわたって掲載された「御巡幸ノ記」の冒頭である。

七月十二日午前七時ごろ五戸駅を御発輦。この駅のはづれにて道の左右の田に男女二百五六十人両方に分《わか》れ、歌をうたひながら田草を取るを御通り掛《かか》りに御車の中より　天覧あらせられしが編笠をかぶり、中形または紺の襦袢《じゅばん》に股引《ももひき》をはき、わや〳〵と騒ぎつゝ、田の中を這ひ廻るはおかしきことなりと、微笑あらせられしならん

「微笑あらせられしならん」と、岸田は推量しているが、むろん微笑している天皇を直接目にしているわけではない。だが、「男女二百五六十人両方に分れ、歌をうたひながら」とあるから、これも「天覧イベント」として仕組まれたものかもしれないが、小学校生徒たちの型にはまった奉迎シーンに比べると、何かほのぼのとする。「微笑する天皇」を想像した岸田の感覚もむべなるかなである。

函館ではアイヌの踊り

七月一六日、天皇一行は蒸気船明治丸に乗って、本州を離れ、函館に向かう。今回の巡幸では、計画段階で巡幸地に北海道を加えるかどうかの論議があったが、結局函館までは行くことになった経緯がある。一八日朝には東京に向けて出港しているから、実際のところ、北海道にも寄ったという程度と言えるかもしれない。岸田の「御巡幸ノ記」の記事量も少ない。函館での「天覧イベント」では、アイヌの踊りがあった。岸田は特に関心を示しているわけではないが、七月二五日掲載の「御巡幸ノ記」にほんの少し、これを記している。

開拓使試験場、綿羊の牧場、アメリカ種の牛の牧牛場、五稜郭などに行幸した後、天皇一行は函館中心部に戻る。

四時ごろ函館へ　還幸あらせられ、協同学校に　臨御あらせらる。此の処に於て蝦夷種の男女凡《およ》ソ六七十人ほどを庭上に召して酒を賜《たま》ふ。各々畏《かし》こまり奉《たてまつ》りて頂戴す。其礼式は殊に恭々《うやうや》しく見えたり。夫より男女一同にて拝舞す（俗に是をアイノ《（アイヌ）》の踊と云ふ）。終《おわり》て男には煙草を賜ひ女には木綿糸を賜ふ

岸田が「協同学校」と書いているのは、もともと「叶同《きょうどう》館」と呼ばれた建物である。明治四年（一八七一）、イギリス人の住宅を開拓使が購入して、迎賓や集会用に使っていた。後に「協同館」と呼ばれるようになった。岸田は、ここでは天皇の反応はむろんのこと、自らの感想も記していない。だが、明治天皇は、歴代天皇の中で、北海道の先住民であるアイヌの姿をその目にした最初の天皇となったことは間違いない。

長期にわたって連載された「御巡幸ノ記」は、この日が最後となった。天皇一行はすでに二〇日には横浜港に帰港している。

岸田にとっても初めて経験する巡幸随行記だった。連載を読むと、岸田は人力車ないしは駕籠で巡幸に随行している。この時期、宮内省に出仕していた歌人で国学者である近藤芳樹と行を共にすることが多かったようで、「御巡幸ノ記」には近藤が作った和歌がしばしば登場している。梅雨の季節だったから、途中雨が続いた日も少なくない。日々大量と言っていい記事を書きつつ、泥濘の道を行く道中は、岸田にとって楽ではなかっただろう。「御巡幸ノ記」の最終回の結語には、岸田のそんな思いが込められている気がする。

漸《よう》やく十時すぎに至り海霧晴れ渡りければ御座船を始め供奉の各船も一同に出帆に成り、海上滞《とどこお》り無く去ル二十一日目出たく東京へ　御還幸あらせられ、吟香もお跡の方からソロリヤ〳〵と帰京致しました。万歳ヽヽ万ヽ歳

自身のエピソードも

『東京日日新聞』がスター記者の岸田吟香を起用した「御巡幸ノ記」は、現代的な言い方をすれば、大ヒットだった。先に明治八年（一八七五）以降の主要新聞の発行部数の推移にふれた。年間三百日発行として、明治八年、『東京日日新聞』の一日平均発行部数は七千四百三十部であるが、翌九年には九千七百七十九部に急増している。部数が急増した明治九年は六月から七月にかけて、岸田の「御巡幸ノ記」が連載されていた。むろん、部数急増の理由を「御巡幸ノ記」だけに求めることはできない。だが、「付録」まで使って長期連載された「御巡幸ノ記」が、これに大きく貢献したことは確かだろう。

ところで、「御巡幸ノ記」を読んでいくと、ときおり筆者の岸田が登場する。巡幸が対象だから、「台湾信報」「台湾手稾」ほどには筆者本人が前面に出ることはないのだが、それでも自身のエピソードを交えたりしている。読者にとっては書いている人が見える記事である。このあたりも「御巡幸ノ記」が読者をつかんだ一つの理由だったかもしれない。最後に、そんなエピソードを一つ紹介しておく。

六月一三日、岸田は、近藤芳樹と二人で天皇一行と別れて、白河関跡（現・福島県白河市）を訪

ねることにした。駕籠に乗り、山路を三里（十二キロ）ほどの道のりである。ところが、予想外の事態が起きた（六月一七日紙面）。

吟香の駕籠を舁《かつ》ぎたる人足は、重い〳〵と苦情を申す（吟香の目方は二十二貫五百三拾目余あり）。吟香はサレバサ　御巡幸のお跡に付き奉《たてまつ》るわれなれば、身体《からだ》とても軽きはずは無しなどと打ち戯《たわむ》れたるに、人足はもはや叶ひ難《がた》し、今日は長持を舁《かつ》き草臥《くたびれ》たれば、さる重きお方を舁《かつ》ぐべき力なしとて其儘《そのまま》に駕籠を捨て逃げ去りければ、芳樹翁と吟香は大《おおい》に困り漸《よう》やくに村の人々を頼み、夜の八時ごろに白河に帰り着たり

「二十二貫五百三拾目余」は、八十四キロほどである。相当の巨漢と言うべきか。岸田は、「台湾信報」にも現地の人に背負ってもらって渓流を渡ろうとしたら、その人が立ち上がれなかったというエピソードを書いている。その場面を描いた新聞錦絵もあったから、読者は「巨漢吟香」をその目にする思いで、この一文を読んだことだろう。

巡幸を機に新聞が誕生

巡幸の開始と新聞創成期が重なることはすでに述べた。巡幸が契機となって、地域に新聞が誕生した事例もある。

明治九年（一八七六）七月六日、巡幸は盛岡県（現・岩手県）に入った。当時、県内には新聞がな

かった。この機会に新聞を創刊すべく、川越勘兵衛なる人物が、呉服町に「日進社」という看板を掲げて、準備を進めていた。盛岡では明治六年（一八七三）から小野組が印刷工場を経営し、県庁の布告などを印刷していた。川越は、小野組の支配人だった。しかし、結局、巡幸の盛岡到着には間に合わず、天皇一行が青森県に去った後の七月二一日になって、『岩手新聞誌』創刊号が発刊された（後藤力「岩手県新聞史」）。

創刊号は和綴じ十三枚の冊子体。巡幸が去った後とはいえ、「御巡幸特集号」とも言うべき内容である。二ページから七ページまで巡幸の記事で埋まっている。「天覧」に預かった小学生たちの名を載せ、書籍料として二十五円が下賜されたことや、小学教科のうち体操を「天覧」に供し、八十円二十銭が下賜されたことが記されている。巡幸到着には間に合わなかったものの、県民に広く伝える役割は果たしたことになる。

『岩手新聞誌』は、この「御巡幸特集号」を発行したのみで消えてしまうが、八月一一日に『日進新聞』となって、月三回発行されるようになった。巡幸が岩手に来ることがなかったならば、この地における新聞発行の歴史はもっと遅くなっただろう。

新聞報道の影響力

政府は、巡幸に新聞記者の随行を認め、巡幸先で情報提供など種々の便宜をはかったことは間違いない。そこには、多くの国民に新聞報道を通じて巡幸という一大イベントを知ってもらいたいというねらいがあったのである。そんな政府のねらいは、たとえば、次のようなかたちでも実現した。

沿道では各所で小学校生徒らが奉迎に動員されたことは、前にふれた。岸田の「御巡幸ノ記」も毎回のように、生徒たちの服装にもふれて、その光景を記している。今回の巡幸ではなく、次の明治一一年（一八七八）のことだが、天皇一行の行幸を前に、長野県師範学校では、「今回の御巡幸に際し、当校生徒の如き見苦しき服装にて御順路に出でゝは甚《はなはだ》失体なり。殊《こと》に東京日々新聞の岸田吟香の如き筆達者に見られ、悪口を書かれては、長野県の対面にもかゝれば、当日一同は散歩時間たりとも宜敷《よろしく》謹慎校内に罷《まか》り在るべし」と学校側が生徒惣代に指示して、生徒側から強い反発を受ける騒ぎがあったという（佐々木秀一編『御巡幸参拾年紀念号』長野県師範学校内学友会）。明治九年巡幸に際して岸田が『東京日日新聞』に連載した「御巡幸ノ記」が、こうしたかたちで言及されているのである。ここには、人々がすでに新聞の視線を意識するようになった状況が垣間見える。

第六章　多様化する「天皇報道」——明治一一年北陸・東海道巡幸

政情不安の中

次の巡幸は、明治一一年（一八七八）八月三〇日から一一月九日に及んだ北陸・東海道巡幸である。政府は明治九年の東北・函館巡幸の後、翌年にも巡幸を予定していたが、九年の巡幸中の一〇月、神風連、秋月、萩と不平士族の反乱が続き、翌一〇年二月には西南戦争が始まった。近代最大の内乱は九月、鹿児島・城山で西郷隆盛が自刃してようやく終わった。一一年五月一四日には、内務卿・大久保利通が石川県士族の島田一郎らによって暗殺される。

こうした中、政府は西南戦争の戦況の帰趨が明らかになる中、五月二三日に開かれた第二回地方官会議で、北陸・東海道の一府十一県を回る巡幸の予定を発表した。政情不安にもかかわらず大掛かりな巡幸を行うことにしたのである。しかも政府の中心人物にして、「見える天皇」への政策転換を担ってきた大久保利通が暗殺された直後だった。政府には明治九年の巡幸がさまざまな成果をあげたことに対する確信があったに違いない。

護衛の警官四百人余

もっともこれまでの巡幸では見られなかった規模の警備陣が付き従うことになった。巡幸が公表された後、巡幸にかかわる報道は、前回の巡幸とは比較にならないほど多い。その中で、警備についての二つの『読売新聞』の記事を紹介する。一つは八月六日の記事（ルビは適宜省略した。独特のルビがあるが、それは原文の通り）。

○御巡幸について警視局より出張になるのは川路君を始め総《すべ》て四百二人であり、又此御巡幸につき上州高崎では道幅を広げるとて既に取崩した家数が百三十四軒にて金もかゝり是が為めに何か小前の者が紛紜《ごたく》いッて居るといふが御巡幸の御趣意は下々へそんな費《ついえ》をかけさせる訳で無《ない》から是は探訪者《たねとり》の聞《きき》違ひかと思はれます

巡幸がらみであることを別にすれば、まったく違う内容の記事が一つになっている。注目したいのは、警備陣の数である。「川路君」は、川路利良である。当時、警察組織のトップである大警視だった。大警視以下四百二人の大警備陣が供奉することになったのだ。従来の巡幸と比較にならない人数である。

図版11　明治11年の巡幸経路

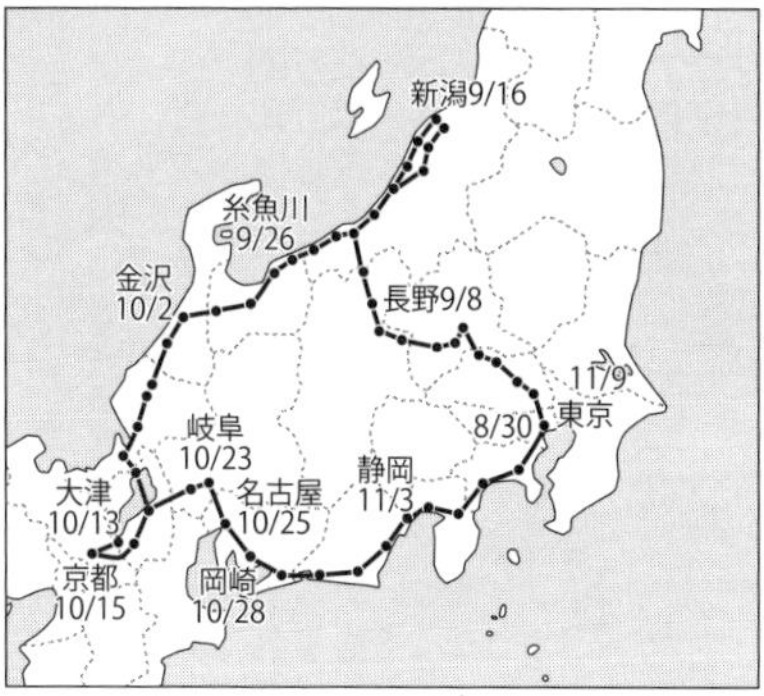

さらに、八月二七日には「今度御巡幸に供奉の警部補と巡査へは昨日警視本署にてサアベルをお渡しに成りました」という短い記事が出ている。当時、警察官の多くはまだ三尺の棒を持っていただけで、拳銃はもとより刀剣類は所持していなかった。それが、巡幸の警備陣にはすべてサーベルを持たせることにしたという。巡幸先での不平士族などの襲撃（テロ）を警戒した臨時の措置である。

巡幸出発の直前の八月二三日夜には竹橋事件が起きている。

現在の東京都千代田区北の丸公園内に駐屯していた近衛砲兵大隊竹橋部隊の兵二百五十九人が山砲二門を引き出して蜂起したのである。反乱は未明には鎮圧されたが、西南戦争の恩賞に対する不満などが背景にあった。しかし、こうした政情不安の中でも政府は当初の予定を変更しなかった。政府部内には反対論もあったが、急な変更は「朝威」が毀損するとして、予定通り巡幸を行うことになったのである（『明治天皇紀』第四）。

巡幸準備を詳細に報道

五月二三日の太政官の布告は、これまでの巡幸と同じかたちで各紙に載った。次は、翌二四日の『東京日日新聞』一面冒頭の「太政官記事」である。

来ル八月北陸東海両道ノ諸県
御巡幸被　仰出候条此旨布告候事
　但御発途日限ハ追テ　御沙汰可有之事
　　明治十一年五月廿三日　太政大臣　三条実美

しかし、新聞報道が従来と同じだったのは、ここまでである。この後、八月三〇日の出発まで、各紙に実に多くの巡幸関連記事が載っている。この間に『読売新聞』に載った巡幸と天皇に関連した主な記事を拾ってみる（掲載日と記事の内容を示す）。

5・24　八月に北陸・東海両道の諸県を巡幸（太政官布告）
5・26　巡幸の詳細順路　供奉長に岩倉具視
5・30　佐々木高行の乗馬ぶりに天皇がお褒めの言葉
6・1　昨日正午から宮中で大臣・参議が陪食
6・8　昨日、宮中で大臣・参議と会食
6・14　天皇が脚気症状　定例の御談会は延期★
6・15　天皇の体調がすぐれず　金曜日恒例の皇族・大臣らの陪食を延期★
6・16　天皇に随行する四人に巡幸御用掛を任命
6・16　各地で巡幸準備。長野善光寺、金沢電信分局は突貫工事
6・18　巡幸御用掛に杉孫七郎・宮内大輔、香川敬三・宮内書記官らを任命
6・18　天皇の病気が全快　皇居の庭で乗馬★
6・21　巡幸の出発は八月一五日のもよう☆
6・23　皇居の学問所で三条実美太政大臣、大木喬任参議らが陪食
6・29　皇居の学問所の楼上で有栖川宮らが陪食
6・30　昨日、皇居の学問所で岩倉具視右大臣らが陪食
7・4　巡幸の休息・宿泊の日程
7・4　品川弥二郎・内務大書記官を巡幸御用掛に任命

7・5　青山御所で能楽を上演　皇后はじめ皇族・大臣・参議ら鑑賞
7・5　巡幸について地方へ布達　地方官は虚飾を排し、住民に迷惑をかけるな
7・6　巡幸について地方へ布達　献上物は一切受け付けない
7・7　巡幸について地方へ布達　沿道地方官心得書
7・11　巡幸に百二十人余が随行
7・18　巡幸に備えた中山道の道普請で赤土が雨にぬかって難渋
7・19　写真師・長谷川吉治郎が巡幸随行を拝命
7・20　天皇が洋画家・五姓田義松に巡幸に同行し、名勝を描くことを命ず
7・21　林友幸・内務少輔ら巡幸の先発隊二五日に出発
7・21　大臣・参議が昨日陪食
7・23　内務権少書記官・西村捨三に巡幸随行を命ず
7・23　皇子・建宮《たけのみや》が病気　侍医らは付き添いで看病
7・24　巡幸沿道地方官心得書第二号　供奉者は足痛などに備え車馬の用意を
7・26　二三日既報の建宮の容態は危篤状態
7・27　建宮が一時危篤に、天皇が見舞う
7・28　敬仁《ゆきひと》親王（建宮）の死去公表
8・2　天皇は御不例の様子　乗馬を休む　暑さのためか★
8・3　巡幸の先発隊が出発

8・3　群馬県富岡の製糸工場　行幸を予期して工員らで迎えの準備を始める
8・6　巡幸に川路利良ら四百人出張　高崎では道幅拡幅工事で住民反発か
8・8　巡幸の準備が徐々に揃う　八月二八日出発と内定☆
8・9　井上馨・工部卿が巡幸のお供を命じられる
8・10　巡幸の出発は三〇日の予定☆
8・10　巡幸の随員に警部補ら三人
8・11　巡幸に際して沿道県庁への駐在官吏に心得を達し
8・13　巡幸時の幣帛料・神饌料が内定　伊勢神宮へも参拝▲
8・15　板橋宿の行在所が決まるなど巡幸の準備進む
8・17　巡幸の費用は二十五万円◆
8・20　巡幸の絵入り解説の類には誤りが散見される
8・20　上州高崎は花火などを用意、巡幸の歓迎一色
8・20　巡幸に大山巌・陸軍少輔も随行
8・23　巡幸の旅程詳報
8・23　巡幸警備の先遣に東京鎮台士官が二八日に出張　沿道の分営を巡回
8・25　近衛砲兵の騒動で宮中の陪食が明後日に延期
8・27　巡幸警備の警部補・巡査に警視局はサーベルを貸与
8・27　巡幸先の官員が地方官に十二箇条の口達　宿泊地などでの冗費を戒める

8・31　巡幸出発　皇太后と皇后が板橋まで見送り

巡幸をめぐる動きが連日のように報道されていることが分かる。出発日については、最初に「八月一五日のもよう」と報道し、さらに「八月二八日出発に内定」という記事が出て、最後に「三〇日の予定」と報道している（☆印）。前二回の記事は誤報ということになるかもしれないのだが、『読売新聞』には、世の中の関心が強い「出発日」について、いち早く報道するという姿勢がうかがえる。巡幸に関して「官」の正式な公表を伝えるだけの新聞では、もうなくなっていたのである。

天皇の体調を伝える

その点でさらに興味深いのは、公的行事ではないという意味で、天皇の「私事」が事細かく記事になっていることである。たとえば、「陪食」の記事がたびたび登場する。むろん、天皇が「参議・大臣」らと食事を共にすることは、ふつうの意味での「私事」ではないことは明らかだが、公的行事というわけではない。青山御所での能楽鑑賞（七月五日記事）は、さらに「私事」的色彩が強い。

「私事」ということで言えば、天皇の体調が報道されていることがさらに注目される（★印）。六月一四日、一五日、一八日の記事は次の通り。いずれもごく短く、他の記事と並んで「雑報」欄に載っている（ルビは一部を除き省略）。

○昨日は宮中にて御談会の定日《じょうじつ》なれど、主上《てんしさま》には少しく御脚気《おかっけ》の御様子にて御延引に成りました（一四日）

○昨日は金曜日ゆゑ皇族大臣参議がたへ御陪食を仰《おお》せつけられる日で有りましたが御不例ゆゑ御延引に成りました（一五日）

○主上《てんしさま》は先日より御不例にて在《まし》ませしが、もはや御全快にて昨日は午後より御庭で御乗馬あらせられました（一八日）

当時、脚気は原因（ビタミンB_1不足）が不明だったから死に至ることもある病気だった。幸いにして天皇は脚気ではなかったらしいが、「少しく御脚気の御様子」とは、ずいぶん踏み込んだ表現である。

八月二日にも天皇の体調に関する記事が載った。

○主上《てんしさま》には少しく御不例の御様子にて一両日は御乗馬も遊ばされずと下様《したざま》にては申せど、大かた暑さが烈《はげ》しいゆえ御馬は御休み遊ばさせられたのかと存じます

体調が悪いので乗馬を休んだと、「下様」（しもじも）が言っているけれど、これは暑さのためだろうと推測した記事である。天皇の「御脚気の御様子」や「御不例」の記事は、『東京日日新聞』など他紙には見られない。『読売新聞』は、宮中内部に独自の情報源を持っていたのかもしれない。

天皇自身のことではないが、第二皇子の建宮の危篤と急逝が記事になっているので、付記しておく。建宮は明治一〇年（一八七七）九月二三日、明治天皇の第四子（第二皇子）として生まれたが、巡幸出発の約一月前の明治一一年七月二六日に亡くなった。天皇の子供は、第一皇子、第一皇女が死産して、第二皇女も夭折している。建宮の急逝は、天皇にとっては「またか」という思いで、大きな打撃となっただろう。八月二日の「御不例」は、こうした状況からの推測記事だったかもしれない。

これまで明治五年（一八七二）以降、多くの新聞記事を参照してきたが、天皇の体調をこのようにあからさまに伝える記事は目にしていない。

巡幸の費用を報道

『読売新聞』の一連の巡幸準備報道の中で、これまでの巡幸報道に見られなかった記事を紹介したい。まず、八月一七日の記事（◆印）。二面の「雑報」欄に載っている。

○今度の御巡幸のお入費《いりよう》は総《すべ》て廿五万円のお見込みでありますと

これが全文。紙面で一行と少しの記事である。前の記事は、「伊太利《いたり》の種紙商人《たねがみ》」が横浜に買い付けに来たが、「買込む気配」がないなど、横浜の商品相場の話で、すぐ後の記事は、「浅草田原町二丁目の大場銕弥《てつや》」なる人物が「人力車曳体《しゃひきてい》」の男から喧嘩を仕掛けられて、五、六人の仲間に

「散々に打擲」されたというものなど二つの「事件記事」が一本になっている。後者は典型的な小《こ》新聞の雑報記事である。

この記事は出所が不明であり、「二十五万円」という金額が正確かどうかは分からない。また、「御巡幸のお入費」といっても、どこまで含むものかも分からない。当時の「二十五万円」は現在の貨幣価値にして軽く十億円を超える。後に見る『東京日日新聞』の記事によれば、警備と従者の昼食費だけで五万円以上かかっているから、実際には巡幸費用はもっと多かっただろう。

もう一つの記事も「金」の話である（▲印）。次は記事の前半の部分。

○今度御巡幸について沿道の神社へ寄せられる幣帛料は大社が十五円中社が十二円小社が十円、神饌料は大社が五円中社が四円小社が三円にて別格官幣社は小社と同じ事に成るといひます

大社・中社・小社は、明治四年（一八七一）に新政府が太政官布告で定めた全国の神社の社格である。この記事もふつうの「雑報」記事にはさまったかたちで掲載されている。

巡幸にかかわる出費ということでは、八月二一日の『東京日日新聞』の「雑報」欄に次のような記事が載っている。

○今度　御巡幸供奉の警視官員は大警視を始め巡査幷《ならび》に従者に至るまで総《すべ》て四百十六人。この旅費は昼、泊を併《あわ》せて総高五万八千五百十七円六十七銭うち上中下の昼賄《ひるまかない》券《きって》の渡し高二

万八千九百一枚、此《この》金二千百九十八円卅四銭にて泊《とまりきって》券の高も右に同じく券を除く外の費用は悉《ことごと》く現金にて支払はるゝの定めと聞けり

「昼賄券」は食券のようなものだろう。上中下の区別をつけて警備陣や供奉者の従者に配ったようだ。宿泊費も同様の扱いだったという。

これらの記事はいずれも「雑報」記事として掲載されている。つまり、「ニュース」としての扱いなのである。天皇の体調に関する報道にしても、巡幸の費用に関する記事にしても、ここには「文明開化の有用な道具」を超えて、読者の関心に応えるメディアとして自立してきた新聞の姿を見ることができる。

ふたたび、岸田が随行記

明治一一年(一八七八)八月三〇日、巡幸は予定通り、東京を出発する。『東京日日新聞』は、ふたたび岸田吟香を随行記者として派遣し、九月二日から「御巡幸の記」の連載がスタートした。今回は「御巡幸の記　第一報　八月卅日浦和発　岸田吟香報」というように目立つかたちの体裁になっている(図版12は冒頭部分)。一日の紙面に二日分や三日分が載ることもあった。初日も「第二報」が一緒に掲載されている。長文のものが多く、しばしばページをはさんで二ページに及んでいる。ほぼ連日掲載され、一一月一三日紙面の「第七十一報」で終わった。

随行記は、前回同様、毎回出発から書き起こし、途中の光景、小学生の奉迎、沿道の人々の様子、

行幸先でのイベントなどを前回と同じように詳細に伝えていく。ただ、二回目ということもあってか、岸田の筆致はより軽やかである。風景の描写も多く、紀行文的な色彩が強くなっているように思える。図版12から引けば、「夏草の繁みの間《あい》だにや丶秋めきたる女郎花《おみなえし》、萩《はぎ》、桔梗《ききょう》などの綻《ほころ》び始めたる」光景を記した部分や、「秩父の山〳〵榛名妙義なども雲間に見えて景色殊によし」といった叙述である。読者は岸田と（そして、むろん天皇と）一緒に旅をしている気分で、この随行記を読んだことだろう。

図版12　明治11年９月２日『東京日日新聞』

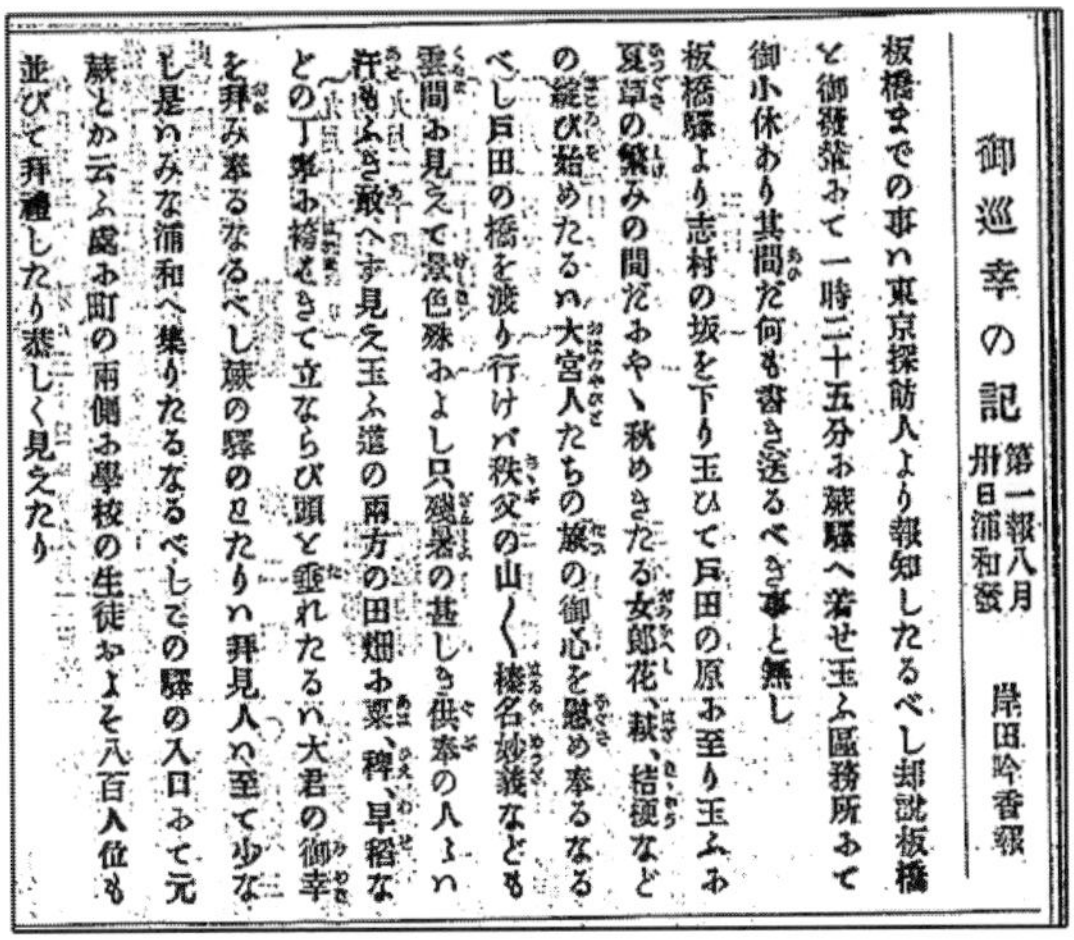
御巡幸の記　第一報八月卅日浦和發　岸田吟香報
板橋までの事ハ東京探訪人より報知したるべし却説板橋と御發輦ありて一時二十五分に蕨驛へ着せ玉ふ區務所にて御小休あり其間《あひ》だ何も書き送るべき事も無し
板橋驛より志村の坂を下り玉ひて戸田の原に至り玉ふに夏草《なつぐさ》の繁《しげ》みの間だにや丶秋めきたる女郎花《をみなへし》、萩《はぎ》、桔梗《ききやう》などの綻《ほころ》び始めたるハ大宮人《おほみやびと》たちの旅の御心を慰め奉るなるべし戸田の橋を渡り行けバ秩父《ちゝぶ》の山〳〵榛名《はるな》妙義《めうぎ》なども雲間《くもま》に見えて景色殊によし只残暑の甚しき供奉の人〻ハ汗もふき敢へず見え玉ふ道の両方の田畑に粟《あは》、稗《ひえ》、早稲《わせ》などの丁寧に稼をきて立ならび頭を垂れたるハ大君の御幸《みゆき》を拜み奉るなるべし蕨の驛のほとりハ拜見人ハ至て少なし是ハみな浦和へ集りたるなるべしでの驛の入口にて元蕨とか云ふ處に町の兩側に學校の生徒およそ八百人位も並びて拜禮したり恭しく見えたり

泥濘の道を行く

今回も『東京日日新聞』以外の各紙も巡幸の模様を手厚く伝えた。『読売新聞』は前回と同じように「主上《てんしさま》は……」という書き出しで、日々の巡幸を報じた。「雑報」欄ではなく、「新聞」という項目を建てた部分に収録している。ここで「新聞」とはまさに「ニュース」の意味なのである。また、前回の巡幸では、『御巡幸記事』というかたちで掲載していた『朝野新聞』は今回、「横瀬文彦」と筆者を明記して「北巡私記」を連載した。もっとも両者とも記

事は短く、読み応えのある岸田の「御巡幸の記」には到底及ばない。

ここでは、前回の「御巡幸ノ記」とは違った視点で、今回の「御巡幸の記」を読んでみたい。まず、天皇一行が沿道の難路で苦労したことを記した部分。臨場感あふれる岸田の叙述にふれたい。

九月九日に掲載された「第十報」は、天皇一行の碓氷《うすい》峠越えの模様を伝えた。六日午前七時、松井田（現・群馬県安中市）の行在所を出発した行列は、次の宿泊地・軽井沢（現・長野県軽井沢町）を目指した。


屏風岩《びょうぶ》とて切り立たる如き巌の聳《そび》え立たる辺《あたり》にて　聖上は御輿より下り立《た》せ玉ひて御歩行あらせらるゝに殊《こと》の外お早く御座しましければ供奉の人々も後《おく》れ奉《たてまつ》らじと汗みづくに成りて随《したが》ひ奉られたり

狭い山路を難渋しながら行く鳳輦を降りて、天皇はさっさと歩きだしたという。ときに天皇は二十六歳。年配の供奉の者たちは、若き天皇の健脚に付いていくのに大変だったようだ。

九月二六日、天皇一行は名立《なだて》（現・新潟県上越市）から日本海に沿って西に進む。あいにくの雨。岸田は、「第三十二報」（十月三日紙面）で、この日のことを伝えている。

「雨天にて道も狭く山坂がちなれば、鳳輦には召されず御腰輿《ごようよ》にて出立せ玉ふ」状況だった。「鳳輦」は輿を担ぐ長い棒（轅《ながえ》、長柄）を多数の人間が肩で担ぐ。これに対して「腰輿」は轅を腰のあたりまで下げて手で持つ。前者は天皇専用の乗り物だったが、後者は略式で、天皇以外の皇族や公卿なども使った。後に「板輿《はんよ》」という言葉も出てくるが、同じものだろう。側面を板張りにして、前後は簾を掛ける。鳳輦より相当に軽かったはずだ。

巡幸に際して、道の拡幅などが行われたのだが、折からの強い雨で、この改修が裏目に出る。

此度《このたび》の御巡幸に付き狭き所を切り広げ峻《けわ》しき阪をば掘り平げ等《なら》したるが、此ごろの雨にてその赤土を踏み捏《こね》し道は左ながら練り味噌の如くにて車の歯に吸ひ付き靴に粘り付きて実に行路の難《かた》きこと東京御発輦以来いまだ有らざる所なれば我々は車にも乗らず駕籠は小さくて乗れず拠《よりどころ》なく片手に蝙蝠傘《こうもりがさ》をさし片手に杖を突きつゝ雨と汗にビッショリ濡れて阪を登り下り程の仕合……

巨漢の岸田が泥濘の道に難渋するさまが読者にはありありと伝わって来ただろう。そんな岸田を置いて、天皇が載った腰輿は先に進んだ。岸田は「鸞輿《らんよ》には遠く後《おく》れ奉《たてまつ》りたれば途中にて如何《いか》なる御事のありしやも存じ奉らず」と、ここでは随行記者の仕事をあきらめている体である（「鸞輿」は「鳳輦」のことだが、この日は前述のように、天皇は「腰輿」に乗っている）。腰輿に乗った天皇は、むろん岸田のように「ビッショリ濡れる」ことはなかったはずだが、轅を持つ者たちも泥濘の道に脚を取られただろうから、乗っていた天皇も相当に揺さぶられたことだろう。

岩倉具視も草鞋履きで

一〇月九日午前七時、敦賀町（現・福井県敦賀市）に向けて、北国街道の宿場町・今庄《いまじょう》（現・福井県南越前町）を出発した。敦賀町までは木ノ芽峠を越えなければならない。北国街道最大の難所である。岸田は、「第四十三報」（一〇月一七日紙面）に、この日の一行の苦行ぶりを書いている。途中、雨が降り出し、風も強くなってきた。「今日は名《な》だたる木の芽峠の嶮岨《けんそ》なれば迚《とて》も御車をば通し難《がた》き由」ということで、天皇は終日、板輿に乗ったとある。道幅が狭いうえに、両側には岩がそびえていて、人力車も通れない。供奉の者たちは歩かざるを得なかった。午後はさらに険しい道を行く。

此所より直《すぐ》に西の高山に攀登《よじのぼ》る道は谷川に添ひて左に折れ右に曲《まが》り三十四町余の間すこしの平地もなき峻坂にて人力は空車でさへも引登り兼《かね》る程のことなれば右大臣殿にも下《お》り立《た》せられ草鞋《わらじ》ばきにて御拾《ひろい》歩なりき。私も勿論をり立せ玉ツたが歩行せ玉ふとはチト云ひ難《がた》く実はやう〳〵這《は》ひ登らせられたる有様なり

ここで「右大臣殿」とあるのは、供奉長の岩倉具視である。岸田自身も大変な難行苦行だったわけだが、ユーモアたっぷりのタッチは、読者の笑いを誘ったに違いない。そして、読者は、板輿に乗っていたとはいえ、天皇その人もこの難路を通ったことを強く印象づけられたことだろう。

木ノ芽峠を越える北国街道旧道は現在、トンネルを通る新しい国道ができて、一般には使われて

いないが、往時のたたずまいを残している（写真5）。

天皇一行は途中の茶屋番所で「御小休《おこやすみ》」した後、下りに入る。先行した岸田らは難路に苦しむ。草鞋履きの岩倉具視も一緒だったようだ。そんな中、地元の農民たちとの思わぬ「交流」もあった。

写真5　木ノ芽峠（巡幸はこの道を登っていった）

> 下る坂は益々けはしく雨もまた益々はげしく土ある処は滑り石ある処は蹶《つま》づき谷底より吹揚《ふきあげ》る風には帽を吹飛《ふきとば》され高嶺より吹おろす嵐には蝙蝠傘《こうもりがさ》を押し潰《つぶ》され我も人も相互ひに非道《ひど》ひ道でス困ッた天気でスの外に挨拶あることなし……右大臣殿も或る農家に入りて暫《しばら》く御休息あるに主《あるじ》の翁《おきな》たち出《いで》て煠《ゆで》たる栗を進《まい》らすれば取りて食し玉ひつゝ農業の咄《はな》しなど聞《きか》せ玉ふ

右大臣・岩倉具視は太政大臣・三条実美に次ぐ明治政府のナンバー2である。天皇とも親しく会話を交わすことができる立場にあった。僻村の農民が振舞ったゆで栗を口にしながら、どんな「農業の咄し」が交わされたのか分からないが、こうした巡幸の本筋とは違う「サイド・ストーリー」は、読者の興味を引きつけただろう。

開墾事業をめぐる直訴も

今回の巡幸では、天皇への直訴《じきそ》があった。直訴は、行列など時の支配者が民の近くに現れる場において、民が直接、その支配者に何らかの訴えをする行為である。江戸時代、将軍に対して行われた直訴は、青木虹二編『編年百姓一揆史料集成』によると、五件である。記録に残っていない事例があるとしても、江戸時代約二百七十年の間にこの数だから、極めて少ない。

もっともよく知られた事例は、十七世紀半ばに起こったとされる下総の庄屋・木内（佐倉）惣五郎の直訴である。惣五郎は上野寛永寺に参詣途中の将軍に対して、佐倉藩主の苛政を訴える直訴を行った。将軍の行列に歩み寄った惣五郎は訴状を側近に手渡したところで捕縛され、後に家族とともに打首・磔《はりつけ》に処されたという。この事件は史料的な裏付けがなく、史実ではないとされている。ただ、義民・佐倉惣五郎の逸話は、さまざまなかたちで語り継がれていたことは間違いない。江戸時代、直訴は打首・磔に処される大罪だったのである。

巡幸は新しい統治者としての天皇を人々に「見える」存在にすることが大きな目的だった。政府は当然、天皇に対する直訴が起きる可能性を想定していた。明治九年（一八七六）の東北・函館巡幸に先立つ二月八日、「行幸ノ途中訴状建言書差出ス可カラズ」とする太政官達第十三号を出している。この巡幸では実際には直訴はなかったようだが、明治一一年（一八七八）の北陸・東海道巡幸では、出発早々の八月三一日に直訴があった。岸田の「御巡幸の記」は「第二報」（九月二日紙面）で、それを伝えている。

この日、天皇は最初の宿泊地の板橋の行在所を午前六時半に出て、埼玉県に入った。早朝から県庁、熊谷裁判所浦和支庁などに行幸し、調《つき》神社に隣接する公園敷地内に設けられていた埼玉県仮勧業博物館を見学した。直訴はその後のことだったという。

> 本日公園を御通輦《つうれん》の折から木蔭《こかげ》より一人の男ツト走り出で恐れながらと直訴したるものあり。警固の巡査走り寄りて捕《とら》へ来《きた》り問ひ糺《ただ》したるに千葉県下の者の由《よし》を申すにぞ猶《な》ほ糺弾ありしに小金ヶ原開墾の事を是《これ》まで幾度と無く哀訴嘆願し奉《たてまつ》れども御聞届けなきは必らず中途に滞《とどこお》る所ありて我〱下民どもの憐《あわ》れむべき情実の上聞《じょうぶん》に達せざるならん、斯《かか》る有り難き大御代に我〱の如き不幸の民あるべきすぢなし。依《よっ》て今度この窮民どもの総代となり御訴へ申すなりと述べたるよしなり。去れども是は又聞《またぎき》に聞きたる咄《はな》しなれば実に其事ありしか知らず

岸田は「又聞」で、「実に其事ありしか知らず」と書いている。しかし、直訴があったことは間違いない。九月一日の『郵便報知新聞』、九月三日の『朝野新聞』も、この直訴について伝えている。直訴は、正確には天皇の行列が熊谷裁判所浦和支庁の視察を終えて県立学校（師範学校、中学校、医学校）へ向かうところで起きたようだ。次は、『朝野新聞』の記事である。

> 年の頃四十許《ばかり》の農民体《てい》の男が書面を掲げ、突然と群集人中より顕《あらは》れ出て、御馬車へ近寄り既に車輪に引かれんとせし処、供奉の衆人にて控へさせ、直ぐに巡査が縄を掛け引立てたり。右の男子は御馬車に近寄る時に頭髷《まげ》を自分にて切りほごして蓬髪《ほうはつ》になりし

『東京日日新聞』にある「小金ヶ原開墾の事」は、現在の千葉県松戸市小金原で行われた窮民救済授産事業だった。開墾を行った開墾会社が私有を主張し、農民と訴訟になった。「幾度と無く哀訴嘆願」とあるように、農民らは地方官庁や裁判所に訴えたが、訴えは認められず、訴訟費用で身代限り（破産）になった者もいたという。直訴を行った者がいかなる処分を受けたかは分からない。ただ打首・磔にはならなかったはずだ。

新聞が伝えた巡幸時の直訴は、明治一一年巡幸時に、この事例のほかに一件、明治一三年巡幸時に四件、合計五件である（原武史、前掲書）。実際に提出に至ったもの以外に未遂が相当にあったようだ。直訴を行った、あるいは計画した人々には、江戸幕府に替わって成立した「有り難き大御代」における天皇を憐れむべき「窮民」に対する慈悲深い統治者とみる意識があったのだろう。

スリも〝随行〟？

巡幸沿道の各所に見物の人々が押しかけた様子は、今回の「御巡幸の記」でもたびたび描かれている。ここでは、それに関連して、岸田が伝えている「こぼれ話」ともいうべきものを紹介したい。こうした随行記としては逸脱とも言える記事を、読者は楽しく読んだだろう。そして、記事を通じて巡幸を見ていいいるという臨場感を味わったはずだ。

九月二二日紙面の「第十八報」だから、時間的には、ここまでふれた「御巡幸の記」よりさかのぼる。一三日午前七時三十分、巡幸は北国街道の宿場町・柿崎（現・新潟県上越市）の行在所を出発して柏崎（現・新潟県柏崎市）に向かった。「碓氷峠にも勝れる難所」の米山越《よねやまごえ》では、つづら折りの山路を天皇は板輿に乗ったが、「車ひき長持かつぎの人夫など殆《ほと》ンど困《こう》じ果《はて》たる体なり」という状況だった。荷車が坂道をずり下がり、一人が大けがをしたという。

米山越をようやく過ぎて、東之輪《とうのわ》（現・新潟県柏崎市。「御巡幸の記」には「塔之輪」とある。誤植か、岸田の誤りか）に至ると、見物客があふれていた。

近郷近在より出《いで》たる見物人が車馬羽毛の美を見たり　御天子様を拝み奉りたり柏崎の遊女の色香にうつゝを抜したりしてボンヤリして居《おり》たる内に扒手《すり》に懐中物を掏《す》られ時計を奪はれ煙嚢《たばこいれ》かんざし抔《など》を取られたるもの甚《はなは》だ多し。此の扒手は東京より御巡幸の御供をして北陸東海の両道とも随行する者なるべし。……武州熊谷上州前橋などにても御着輦の時に物を掏《す》り取られたる人の多かりしよし。善光寺にても御駐輦の日に扒手が多かりしとの風聞を聞けり。是《これ》は必《かな》らず御巡幸の賑《にぎ》はひを見込んで働きに出たる者なるべし

この前段には、「此日は天気も快晴なれば近郷近村より拝見に出でたる者幾万人なるを知るべからず」とある。「遊女の色香にうつゝを抜し……」は、柏崎には遊郭もあると聞いて、岸田が、それこそ文章に彩りを添えたものだろう。見物客の人込みを追って、スリも巡幸に〝随行〟していたというのは、岸田の推測に過ぎないが、ともかく、大変な混雑ぶりだったのである。このあたりの岸田の力の抜けた筆致は、巡幸を奉迎するといった厳粛さとは違った空気が沿道の人々の中に流れ

ていたことを教えてくれる。それは読者にも伝わっただろう。

『東京日日新聞』の低迷

明治九年（一八七六）の東北・函館巡幸に続いて、今回もスター記者・岸田吟香による「御巡幸の記」を長期連載した『東京日日新聞』だった。ここまで、その一端を紹介したように、紀行文的な色彩が強く、ときにくだけた表現も登場して、なかなかに読ませる。ときに、岸田自身の「苦労話」も出てくる。こうした点は、同じく随行記者を派遣した『朝野新聞』の「北巡私記」の淡々とした筆致と対照的とも言えるだろう。岸田「御巡幸の記」は、圧倒的に「読ませる随行記」になっている。明治九年（一八七六）の東北・函館巡幸に際して『東京日日新聞』に連載された岸田の「御巡幸ノ記」について、先に同紙の部数拡大に大きく貢献しただろうとの推測を述べた。しかし、『東京日日新聞』の発行部数の推移を見ると、今回の「御巡幸の記」が、前回のように同紙の部数拡大につながったとは言えないようだ。

新聞発行部数の統計が残る明治八年（一八七五）以降、六大巡幸時の『東京日日新聞』の発行部数の推移は、表5の通りである（山本武利『近代日本の新聞読者層』の「別表・新聞発行部数一覧」による。年間部数しか統計がないものは、年間三百日発行として計算）。明治九年から翌年にかけて部数は顕著に増大した。しかし、岸田の二度目の「御巡幸の記」が長期連載された明治一一年には部数は大きく減じ、その後も低迷が続く。

こうした低迷の理由は単純ではないだろう。『東京日日新聞』は、明治七年（一八七四）一〇月、

「太政官記事印刷御用」となる。入社して間もない福地源一郎の発想によるものだった。本書では深くふれることはできないが、福地が、この「看板」に求めたものは、決して新聞を「政府の御用機関にする」といったものではなかった。だが、福地は、一時期、地方官会議の書記官を務めるなど、政府要路と親しかった。また、自由民権運動が高まり、国会開設が論議される中で、漸進論を唱えた。こうした福地の姿勢が『東京日日新聞』の低迷とつながった面もあるだろう。

だが、本書で注目したいのは、岸田の前回にも増して読み物として充実していた「御巡幸の記」が、部数から見る限り、この低迷を打ち破る力がなかったという点である。

明治九年（一八七六）、天皇は東北の村々を訪れ、数々の「天覧イベント」が行われた。「見える天皇」「旅する天皇」は、ようやく報道機関として力をつけてきた新聞にとって、格好の「新奇な報道対象」だった。そして、岸田の「御巡幸ノ記」などの随行記が登場し、日本歴史の中で、最初の「報道される天皇」が誕生した。随行記の中でも、詳細にして生彩に富む岸田の「御巡幸ノ記」がとりわけ評判となったのは当然だった。

表5 『東京日日新聞』一日発行部数

年次（明治）	発行部数
8年	7,430
9年	9,779
10年	11,409
11年	7,084
12年	7,448
13年	8,093
14年	8,207
15年	8,491
16年	5,129
17年	5,261
18年	4,132

だが、明治一一年、随行記はすでにそうした「新奇さ」を失っていた。岸田の「御巡幸の記」は、前にも指摘したように、紀行文的な色彩も強くなり、なかなかに読ませる。だが、動員された小学校の生徒たちの姿、沿道に詰めかけた見物の人々、そこに生まれた祝祭空間その他、今回も岸田は丹念に記しているが、内

図版13　明治13年の巡幸経路

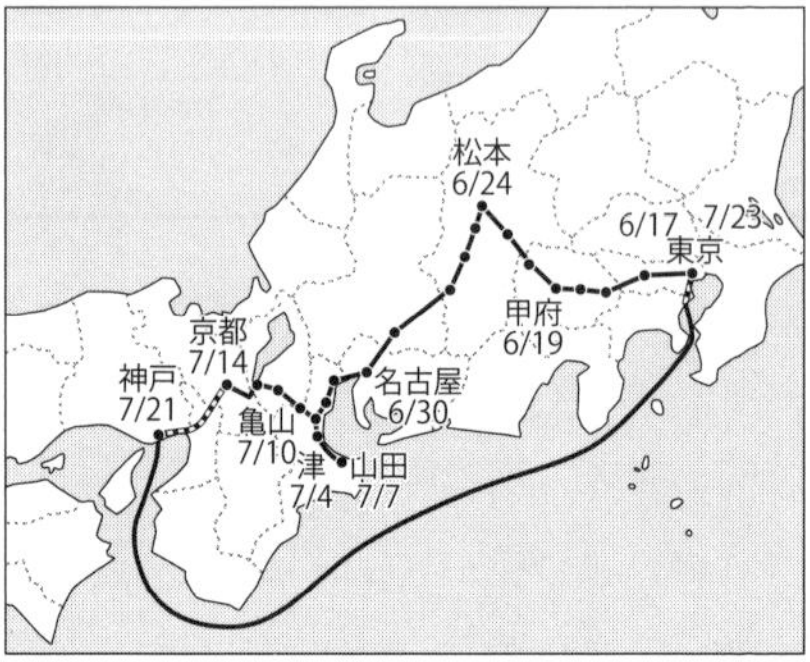

容は前回と同工異曲である。読者にとって、既視感が強かっただろう。

「尻切れとんぼ」の随行記事

この後、明治一三年（一八八〇）以降の巡幸においても、新聞には随行記は掲載された。たとえば、『東京日日新聞』では、明治一三年の甲州・東山道巡幸に際して、タイトルも同じ「御巡幸の記」を六月一九日から連載した。筆者は、「岡本春暉」（読みは「しゅんき」か）とある。この日に「第一報」と「第二報」が載り、七月二六日紙面の「第三十二報」と「第三十三報」で終わっている。岸田吟香の後を継いで巡幸随行記者になったのだから、岡本春暉は、その時期、「書き手」の記者だったに違いないが、経歴その他不詳である。紙面の扱いは、多くの場合、三面の下から始まって、四面に少し続くかたちで、岸田の「御巡幸の記」のように長文のものは少ない。紙面の「売り物」だった岸田の「御巡幸ノ記」（明治九年）や「御巡幸の記」（明治一一年）との違いは歴然としている。

これが明治一四年（一八八一）の巡幸になると、『東京日日新聞』紙上の随行記の存在感はさらに希薄になる。このときの巡幸は札幌まで足を延ばし、秋田、山形を回って帰京した（図版14）。六大巡幸の中で旅程のもっとも長いものだった。

『東京日日新聞』では、八月一日に、岸田吟香から続く伝統のタイトルの「御巡幸の記」が載った。筆者名は、今回はない。八月三日から「第二報」というかたちになる。「御巡幸の記」の前には、多くの場合、天皇一行の到着（御着輦）か出発（御発輦）を短く伝える電報による記事がある。「第二報」が載った三日には、「昨二日午後二時　聖上宇都宮御着輦あらせられると電報あり」とある。「御巡幸の記」は、この時期、八ページになっていた『東京日日新聞』の二面ないしは三面の「雑報」欄に載った。記事は概して短い。九月三日の「第十七報」は、わずか十行（一行二十字）である。この日は中尊寺、衣川の館跡などを通過したが、「此等《これら》は皆前年の御巡幸道中記に委《くわ》しくしるしたれば省きて記さず」とある。随行記者も新鮮味がなく、筆が進まない様子である。九月七日には、「第十八報」「第十九報」「第廿報」がまとめて載っているのだが、合わせて三十四行（一行二十字）しかない。

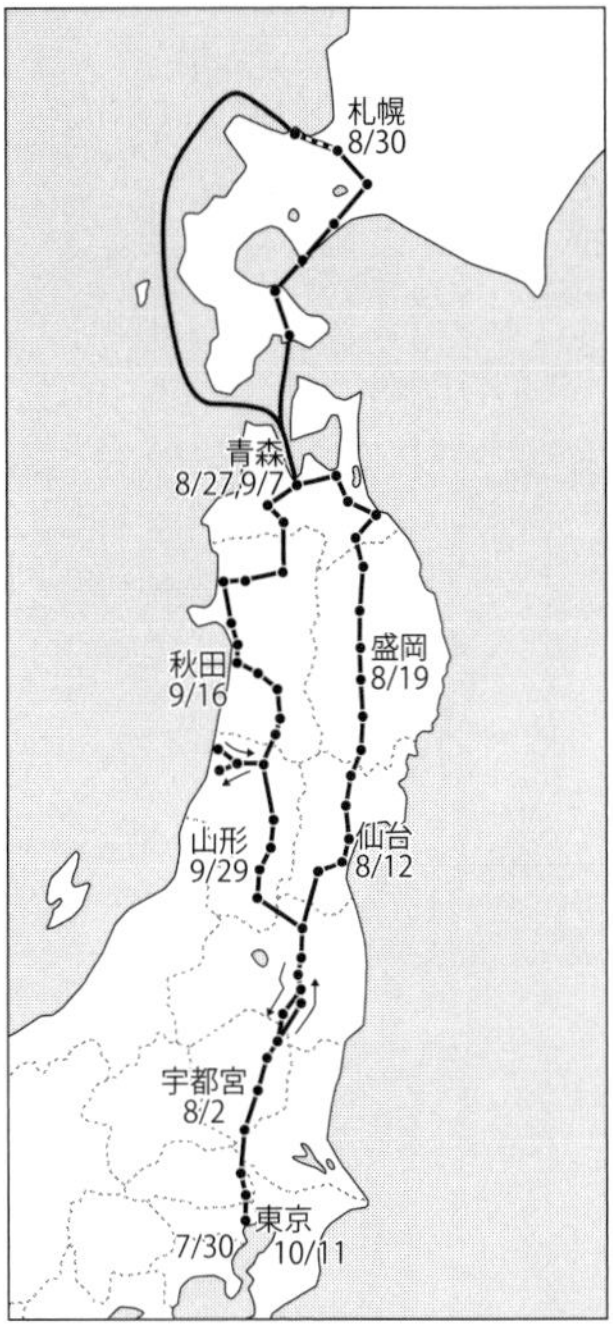

図版14　明治14年の巡幸経路

　それでもこの後、「御巡幸の記」は、九月二二日の「第廿七報の続」まで続いた。だが、この日の紙面に「以下次号」とあったまま、「御巡幸の記」は紙面から消えてしまう。「御巡幸の記」としては、尻切れトンボなのだ。

　この「第廿七報の続」は、八月

三〇日、天皇一行が札幌に到着するまでを記したものだが、この日の紙面には、この「御巡幸の記」の前に、天皇一行が横手（現・秋田県横手市）に「御着輦遊ばされたる旨電報あり」という記事が載っている。つまり、「御巡幸の記」の読者は、二十日以上も前の巡幸の様子を読まされている。さらに実際には、「電報」のように、巡幸はすでに北海道から本州に戻り、秋田県内に入っていたのである。筆者自身が認めるように、記事に読者をひきつける「新奇性」がないことに加え、こうしたタイムラグも打ち切りの理由だっただろう。

巡幸記事の検閲

このタイムラグはつまりは、情報の鮮度のなさである。現代では考えられないことだが、当時でもこの鮮度のなさは尋常ではないだろう。明治一一年（一八七八）の北陸・東海道巡幸に随行した岸田吟香の「御巡幸の記」の場合を見てみよう。たとえば、九月九日紙面に掲載された「第十報」。これは、六日朝以降の巡幸の模様を伝えたものである。新聞掲載に三日を要している。原稿を現地から郵便で東京に送ったわけだから、当時としては、それなりの「速報」だった。これに対して、先に見た明治一四年の場合は、新聞掲載まで二十日以上もかかっている。

なぜ、明治一四年巡幸では、「速報」性が失われたのだろうか。

この問いに答えるヒントを与えてくれる新聞記事が、明治一三年（一八八〇）六月三〇日の『朝野新聞』に載っている。『朝野新聞』は、この巡幸に際して、野田千秋による「陪駕の記」と題した随行記を連載した。野田千秋は新聞各紙で活躍した戯作者出身の記者で、この前年に『朝野新聞』に入社している。「陪駕の記」は、この日が「第八報」。二四日に長野県上諏訪を出発して以降の巡幸の模様を伝えている。その末尾に、次のような興味深い記述がある。

御随行警視官より各社の内一人呼出しに付《つき》、僕出頭せし処、この頃いろは新聞にて、御随行の雲客《うんかく》が笹子駅に於て、東京より連れ来られし芸妓と同衾の処を巡査に認められ云々《うんぬん》を掲載せしにより、御随行の各社員中にて、斯くの如き無根の事を掲載いたすも計り難し、依《よっ》て東京へ遣《つか》はす原稿は一々旅宿に於て石井中警視一覧の上、差立可申旨《さしたてもうすべきむね》達せられたり。一体原稿の差立は、後《おく》れ勝《がち》の処、右の手都合に相成り、実に困却いたせり

『いろは新聞』は、明治一二年（一八七九）一二月に東京で創刊された、典型的な小新聞《こ》の一つである。同紙に供奉の公家（雲客）の一人のスキャンダルが載った。これが「無根の事」だったかどうかはともかく、政府にとっては都合の悪い記事だったことは間違いない。その結果、各社の記者が東京に送る記事は事前に「石井中警視」なるものに提出しなければならなくなった。要するに随行記事の事前検閲である。この結果、野田が嘆くように、随行記事が東京発行の紙面に載るのはますます遅れるようになってしまった。こうして、情報の鮮度が著しく失われる事態になった。野田が書いているのは、明治一三年巡幸のときのことだが、明治一四年巡幸ではおそらくこの「事前検閲」が徹底したのだろう。野田は「実に困却いたせり」と嘆いているが、随行記者の執筆意欲も薄れてしまったに違いない。

巡幸記事に関して、政府が取消しを求めたケースもある。この点は、第七章でふれる。

明治一八年、最後の巡幸

次の、そして六大巡幸の最後となる巡幸は、明治一八年（一八八五）になった。明治一四年一〇月一一日、巡幸を終えて天皇が東京に戻った当日の夜から翌日にかけて、明治一四年の政変と呼ばれる出来事が起きる。供奉長として巡幸に従っていた参議・大隈重信は罷免され、世論の大きな反発を招いていた開拓使官有物払下げの中止が決まり、明治二三年に国会を開設するとの詔が出された。国会開設の時期などをめぐる政府部内における大隈と伊藤博文の対立が火を噴いたのである。

国会開設を求める自由民権運動が一気に高まり、自由党が結成され、下野した大隈による立憲改進党も翌年には誕生した。大蔵卿・松方正義のもと、いわゆる松方デフレが進行し、困窮した農民らによる負債騒擾も頻発した。本書では、これらの出来事にくわしくふれることはできないが、巡幸が明治一八年になった背景には、こうした厳しい政治・社会状況があったのだろう。

この巡幸は山口・広島・岡山を巡った（図版15）。海路が中心で、これまでの巡幸のように、鳳輦や馬車に乗った天皇に拝礼する人々が押し掛けるといった光景も見られなかったようだ。

明治一四年の巡幸では、岸田吟香以来の伝統を受け継いで、尻切れトンボとはいえ、曲がりなりにも「御巡幸の記」のタイトルで連載した『東京日日新聞』だった。だが、今回、「御巡幸の記」とタイトルを付した記事は、八月一一日紙面だけである。海路がほとんどだったこともあって、巡幸に関する記事は、「御着輦」と「御発輦」を短い電報によるものが大半である。

もっとも、特派記者による署名入り随行記を連載する巡幸報道がまったくなくなったわけではない。次に『朝日新聞』の例をみてみよう。

図版15　明治18年の巡幸の経路

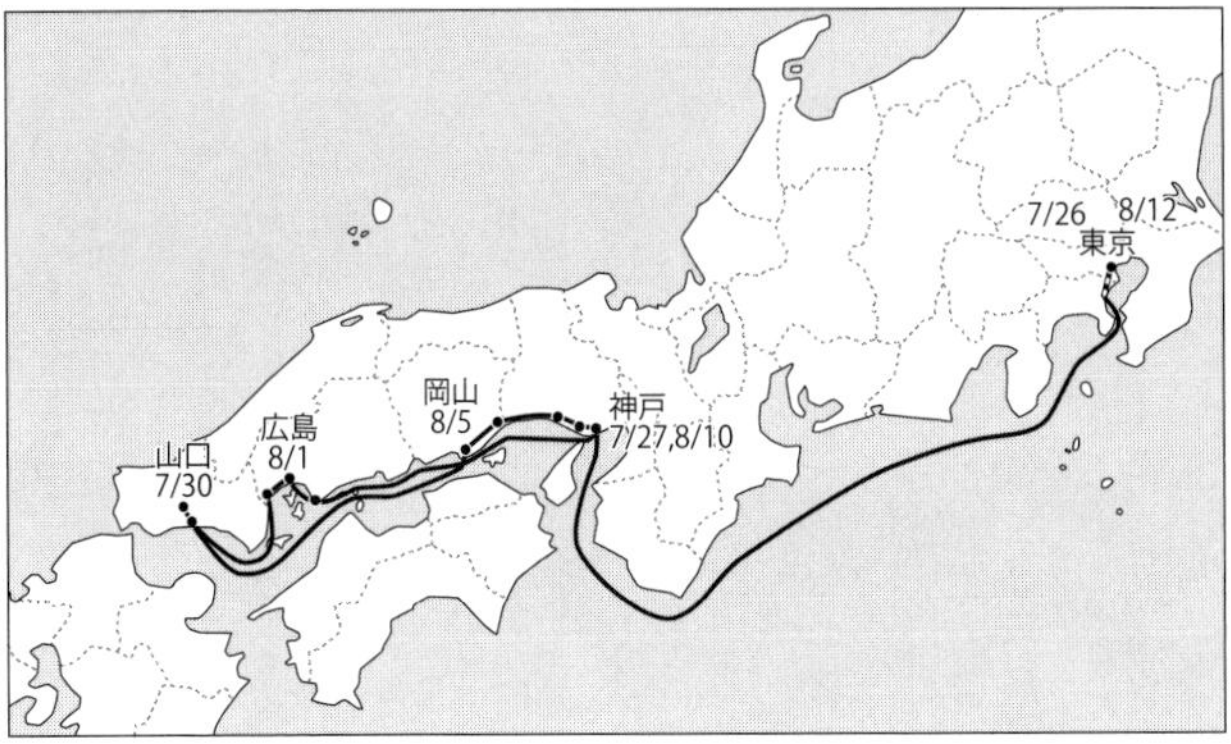

『朝日新聞』の「随輦日記」

今日、日本を代表する新聞の一つである『朝日新聞』は、明治一二年（一八七九）一月、大阪で創刊された。明治二一年（一八八八）、『めさまし新聞』を買収して、東京で『東京朝日新聞』を発行する。これに伴い、翌年、『朝日新聞』は『大阪朝日新聞』の紙名となる。以下でふれるのは、東京進出以前の『朝日新聞』である。

一面は種々の行政記事で埋まった『東京日日新聞』などの大《おお》新聞と違って、『朝日新聞』は一面から全文ルビ付きの「雑報」が載った。典型的な小《こ》新聞である。読みやすさが好評だったようで、創刊間もなくから多くの読者を得て、その後も順調に発展した。明治一四年（一八八一）の一日平均発行部数は約一万部だが、山口・広島・岡山巡幸があった明治一八年には三万部を超えた（発行部数は、山本武利、前掲書「別表・新聞発行部数一覧」による。年間部数しか統計がないものは三百日発行として計算)。販売エリアは、大阪を中心として西日本に広がり、この時期、全国でもっとも発行部数の多い新聞だった。

その『朝日新聞』にとって、明治一八年の巡幸は、神戸、岡山といった自身の販売エリアが経路だった。海路が中心だったこともあって、東京発行紙が特派記者による随行記を連載しなかったのに対して、随行記者を特派して連載を行ったのは、こうした「地元意識」も背景にあったと思われる。

明治一八年七月二六日の『朝日新聞』一面の最後に「●社告」として、次の記事が載った(全文ルビ付きだが、一部以外は省略)。

愈《いよいよ》今廿六日東京御発輦山口広島岡山三県下へ御巡幸あらせらるゝに付《つい》ては弊社より特に社員長野一枝を派出し　龍駕《りょうが》の後に従ひ御巡幸中見聞する所の事を漏《もれ》なく報道せしめんため明朝より出発す。依《よ》つて以後続々其通信を吾紙上に登載して報道することを怠らざるべし。愛読諸君幸ひに之を領せよ

こうして始まったのが、「随輦日記」である。八月四日の一面「雑報」の冒頭に「●随輦日記第一報(七月卅一日広島発)特派員長野一枝」と「●随輦日記　第二報(八月一日広島発)」が一緒に載っている。「第一報」は(七月卅一日広島発)とある。この後、八月五日に「第三報」が載るのだが、その後、なぜか六日紙面にふたたび「第一報」と「第二報」が登場している。こちらの「第

一報」は（七月卅日山口発）とあり、四日の「第一報」より前のことが記されている。七月三〇日、三一日と二日続けて郵便で送った原稿のうち、なぜか三一日の方が先に付き、それを四日紙面に載せてしまったということらしい。何か新聞編集サイドの随行記掲載への関心の薄さが感じられる。

この後、「第三報」（八月五日）が載る。四日に間違って掲載した「第一報」「第二報」を「第四報」「第五報」とみなしたようで、次は「第六報」（七日）である。九日（第七報、第八報）、一一日（第九報）、一二日（第十報、第十一報）と続いて、「一二日「第七報」（八日）と続き、一三日の「●随輦日記追加」で終わる。

「天皇」を見逃す人々

しかし、この「随輦日記」は、「龍駕の後に従ひ御巡幸中見聞する所の事を漏なく報道せしめん」と大上段に銘打ったにしては、内容は薄い。もっとも、これは特派記者の長野一枝の責というより、巡幸そのものの中身に起因するものだろう。巡幸期間は短く、しかも陸路はほとんどなかった。明治九年（一八七六）や明治一一年の巡幸の際、『東京日日新聞』の岸田吟香が才筆を振るった、天皇一行が人々の前に現れた場面は少なかった。

しかも、この巡幸は「簡素化」が課題となっていた。この点に関しては次章でもふれるが、供奉の人数は約百三十人に抑えられたし、海路を使ったことも沿道の町村の負担を考慮したためだった。この点で、「随輦日記」の「第三報」（八月五日）の記述が興味深い。広島の行在所に向かったときのことである。

聖上には例の通り尋常の御馬車にて護衛とても僅《わず》かに儀仗騎兵六名と近衛佐尉官十名許《ばかり》にて入《い》らせ玉ひしことゆゑ是まで大名の通行のみに目馴《めな》れたる老婆老爺等は此御馬車は宮様なるべし。如何《いか》に御手軽の御旅装とは聞き及びたれど斯《かく》の如き人数ではよもあるまじ。必定　聖上には尚後《なおあと》より御着輦あるべしなどと云《い》ひ合《あひ》て供奉の方々の御通行すみても仍《な》ほ依然として俟《ま》ち構《かま》へ居《お》り

沿道の人々は、「御手軽な御旅装」とは聞いていたけれど、こんな警備陣が少ない馬車に天皇が乗っているとは思わなかった。結局、後になって、あの馬車だったのかと気が付き、「よく拝《おが》み奉《たてまつ》らざりし事の残念さよ」と嘆くことになったというのである。

そもそも今回の巡幸は、中国地方はまだ天皇が足を踏み入れていないということから、地元三県（山口・広島・岡山）の県民からの誓願に応えて実施された（大島美津子『明治国家と地域社会』）。「見える天皇」の大々的なお披露目だった前五回（とりわけ、一回から三回）とは、政府の取り組み方も熱度を欠いていたように思える。『朝日新聞』の「随輦日記」も当然、読者に提供する読み物として魅力が薄いものとならざるを得なかっただろう。八月九日の「第八報」には、岡山に入港して行在所に向かうまでの記述には、こんな一節もある。

御着輦を迎へ奉りし模様は何れも同様にて別に記す程の事もなかりし

巡幸の終わり、随行記の終わり

こうして明治五年（一八七二）に始まった明治天皇の六大巡幸は終わる。当然、随行記者による随行記も新聞紙面に登場することはなくなった。

むろん、天皇の行幸はこの後も続いたし、六大巡幸期やその後も、その期間からみると巡幸と呼んでもいいものもある。六大巡幸に加えて、明治一〇年（一八七七）一月二四日から七月三〇日までの京都、大阪などへの巡幸、明治二〇年（一八八七）一月二五日から二月二四日までの近畿、東海方面への巡幸を加えて、明治前期の巡幸とする捉え方もある（原武史、前掲書）。

明治一〇年の巡幸は、横浜―神戸間は往復とも海路、神戸―京都間と新橋―横浜間は鉄道を利用した。京都滞在が半年近くに及んだのは、西南戦争が続いていたためだった。六大巡幸と同様、京都府庁などの官庁、京都裁判所などの裁判所のほか、学校や産業施設にも行幸しているが、京都滞在が長かったせいか、多くの寺社に加え、孝明天皇陵、神武天皇陵などに行幸している。

明治二〇年の巡幸には、皇后美子《はるこ》（後の昭憲皇太后）が同行した。横浜―神戸間と愛知県武豊―横浜間は海路、大津―長浜間は琵琶湖を船で通過した。行幸先は、官庁は京都府庁だけだったが、京都、大阪、名古屋で尋常中学校、第三高等中学校、師範学校など学校に出かけているのは従来の巡幸と同様である。ただ、裁判所、産業施設への訪問がなくなり、大阪鎮台、練兵場、砲兵工廠、名古屋鎮台など軍事施設への行幸が目立つ。

こうした点を考えると、やはり明治五年（一八七二）から明治一八年（一八八五）までの六大巡幸と比較して、この二つの巡幸は性格が違う（この性格の違いについては、後に改めてふれる）。

むろん、巡幸の状況をくわしく伝える新聞報道がなくなったわけではない。明治二〇年について見れば、『朝日新聞』が、やはり「地元意識」があったのか、「行幸啓の記」を連載している。筆者は明治一八年の「随輦日記」と同じ長野一枝である。天皇・皇后の京都入りを機に一月二八日に「第一報」が始まり、二月二〇日の「第十九報」まで載っている。この後、「還幸紀事」のタイトルの記事が、「第一」（二月二二日）から「第四」（二月二七日）までである。筆者はやはり長野一枝である。

行幸啓については、「行幸啓の記」や「還幸紀事」以外に、そのつど報道されている。短い電文ではなく、くわしい記事である。たとえば、「行幸啓の記」の「第十六報」が載った二月二七日紙面には、タイトルを列挙すると、「聖上」「皇后宮」「高槻停車場《ステーション》の景況」「聖上の御満足」「烟火《はなび》天覧の景況」「偕行社の賀宴」「市中の景況」といった七つの記事が掲載されている。長野の「行幸啓の記」は、紙面の半分以上を埋めた、こうした記事の後に載っていて、今後の行幸啓の予定が記されている。

しかし、泥濘の道を行き、険しい峠を越えて巡幸した「旅する天皇」は、ここには、もういない。私たちも「旅する天皇」としばし別れて、この時期の巡幸をめぐる新聞記事の別の側面に注目したい。

第七章　「巡幸」を論じる新聞

「民権派新聞」の登場

明治九年（一八七六）の東北・函館巡幸に際して、『東京日日新聞』に連載された岸田吟香の「御巡幸ノ記」は、「報道される天皇」の本格デビューだった。一方、この時期、すでに「旅する天皇」を随行記として報道するだけでなく、巡幸の意義を論じる論説がいくつか登場している。本書では、先に『東京日日新聞』に載った吾曹（福地源一郎）の論文を紹介した。天皇の「見える化」を図る政府の意図を正確に捉えつつ、巡幸の実施を賞賛したものだった。一方、この時期、すでに「巡幸礼賛」とは違った視点から巡幸を取り上げた論説も新聞に載った。

征韓論政変（明治六年）で参議を辞職した板垣退助らが明治七年（一八七四）一月に提出した民撰議院設立建白書をきっかけに国会開設を求める自由民権運動が広がり、国会開設とその時期をめぐる論争が起きた。新聞が主要な舞台だった。『東京日日新聞』の福地源一郎は、漸進論を唱えた。これに対して、『朝野新聞』『郵便報知新聞』『横浜毎日新聞』などは、国会の早期開設を求める急進論を展開した。これらは民権派新聞と総称される。以下、巡幸をめぐる『朝野新聞』の論説に注目したい。

『朝野新聞』の前身は、明治五年（一八七二）一一月に創刊した『公文通誌』である。明治七年、成島柳北を主筆兼社長に迎え、紙名を『朝野新聞』とした。この時期、すでに述べたことだが、自由民権運動が広がる中、政府は明治八年、全面的に改定した新聞紙条例と讒謗律によって、言論を厳しく取り締まる姿勢に転じていた。『朝野新聞』の成島柳北も新聞紙条例の制定にかかわった官僚を揶揄した論説で讒謗律違反の罪を問われ、禁獄四ヵ月罰金百円の刑を受けた（稲田雅洋、前掲書）。巡幸に対する批判的な論説も民権派新聞としての『朝野新聞』の姿勢を示すものと言っていい。

地方官会議見合わせを批判

征韓論政変以後の混乱や自由民権運動の広がる状況の中、政府の体制を再構築すべく、明治八年（一八七五）二月、大久保利通と当時政府部外にいた木戸孝允、板垣退助の三者による大阪会議が開かれる。そこで、元老院・大審院・地方官会議を設置することが合意された。これらは立憲政体に向けた制度改革で、四月には漸次立憲政体樹立の詔が出された。最初の地方官会議は、府知事、県令を招集して同年六月に開かれた。翌明治九年にも開催される予定だったが、東北・函館巡幸が決まり、開催は見合わせとなった。民権派新聞は、この事態を取り上げ、巡幸に疑問を投げかけたのである。

『朝野新聞』は、五月二六日の論説で、「年々歳々ノ御巡幸アラバ、地方官会議ハ年々歳々御見合セニテ……天下国家ノ為メ大ニ憂ヘザルヲ得ザル」と憂慮を表明した。五月二七日の『横浜毎日新聞』も、地方官会議は「我国民ガ早ク英国人民ト同等智識ノ位置ヲ占メ」るために重要だとし、「御巡幸ノ為メニ会議御開キ相成ラザル御布令ノ事ニ至テハ、吾輩未《いま》ダ容易ニ之ヲ信ズル能《あた》ハザル也」と慨嘆した。

『朝野新聞』は六月三日には、より厳しい論を張った。巡幸で人民がにわかに開化に進むわけではないし、土地がたちまち良田になるわけではないとして、一つの見方として次のように述べる。

此《この》巡幸ヨリ生ジ来ル利益ハ、此巡幸ニ付《つき》テ消耗スル費額ヲ償《つぐな》フニ足ラザル者アリ。若《も》シ其人民ノ愚蒙《ぐもう》ヲ啓《ひら》カント欲セバ、教育ノ術ニ縁《よ》リ、其土地ノ荊棘《けいきょく》ヲ拓《ひ》ラカント欲セバ、県治ノ功ニヨルニ如《し》カズト想像セザルヲ得ズ

「奇怪の風説」に託して

巡幸に伴う住民に対する負担も巡幸をめぐる論点の一つだった。

明治九年（一八七六）の北陸・東海道巡幸を前にした七月一日の『朝野新聞』に載った論説「奇怪の風説の真偽」をみてみよう。無署名の論説である。前段では天皇自ら僻地にまで足を運ぶ巡幸について、さまざまな表現を駆使して賛美する。結びは「噫嘻《ああ》盛《さかん》ナル哉《かな》、聖世ノ沢、噫嘻美ナル哉、明時ノ化」である。まことに「よき時代」（明時）だというわけだ。しかし、論説のねらいは、この後である。

「然ルニ我輩ハ図ラズモ、一種奇怪ノ風説ヲ道路ニ獲タリ」と書き起こし、ありえないことだとしつつ、その風説を詳しく紹介する（ここで「道路」とは、「市中」といった意味）。

近頃宮城県ノ近辺ヨリ来ル者ノ話ニ拠レバ、市中道路ノ営繕甚《はなは》ダ厳密ニシテ、其ノ入費ハ一時官ニテ立替《たてかえ》ラル、ト雖《いえ》ドモ、追々人民ヨリ取立《とりた》テラル、由。其地方ノ流言ニ道路ガ蒲鉾《カマボコナリ》態ニ

成リ、家内ガアラ（アラハ方言、其ノ意　詳《つまびらか》ニセズ）ニ成ルト云ヘリ（傍線は原文）

巡幸の経路に当たる道路を改修する費用が相当かかり、結局人民の負担になるようだ。「蒲鉾態」は、道路の中央部分が蒲鉾のかたちのように丸くなってしまっているということだろうか。筆者も「詳ニセズ」という「アラ」は道路補修した土砂が家に入り込み、汚れてしまうといったことだろうか。いずれにせよ、道路改修に伴って民衆が被る不利益に言及しているのである。

この後、記事は次々にこの種の不利益を列挙する。沿道の住民に直接かかわる「風説」は次の二点である。

「破屋」はすべて修理せよ、修理できない者は「破却」せよとの布達が出たが、官から人足が来て、取り崩されている家もある。

毎戸国旗を掲げ、夜は灯籠を釣るせとの布達があった。国旗などを買う金がない家には、官が国旗（値拾〇銭）灯籠（値六銭）を売り渡し、後に代価を取り立てる。「如何《いか》ナル窮民」もこれを設置しないといけないという。

これらについて、筆者は「我輩ハ敢《あえ》テ此《こ》ノ風説ヲ信ゼズ」と書いているのだが、巡幸に伴って沿道の住民の間で語られている不満を「風説」として取り上げることによって、巡幸の歓迎準備が住民の過大な負担になっている状況を批判していると言っていいだろう。

大久保利通の懸念

巡幸に伴う住民の過大な負担を危惧する声は、政府部内にもあった。この時期、内務卿として政府を主導していた大久保利通は、巡幸出発前に沿道各地に出す訓示を準備していた。大久保は明治一一年（一八七八）五月一四日、参内の途中に暗殺された。そのとき朝議にかけるべく所持していたのが、この訓示案だった（『大久保利通文書』第九）。

地租改正反対一揆が頻発する状況を受けて、政府は前年一月、地租を地価の百分の三から百分の二・五に引き下げた。こうした状況を受け、大久保は「民費節略」の重要性を説く。「民費」とは、町村かぎりに賦課する税金である。訓示案はきわめて具体的に例示している（一部、読み下し文にした）。

ご巡行に付、民費を懸《かけ》、諸事之設致さず様、県官において注意第一に候。就中《なかんずく》供奉之面々え饗応がましき事、一切之《これ》無き様、前以《まえもって》厚《あつく》内諭に及ぶべく候事

続いて、道路について。放置しておくと「危険之場所を除くの外、一切着手に及ばざる事」とする。『朝野新聞』の「風説」論説も道路の改修工事の負担への沿道住民の不満を伝えていたが、この種の不満は政府にも届いていたのだろう。住民への直接の負担という点では、行在所の新築なども、端的に「無用」としている。

慶応四年（一八六八）一月、「大坂遷都建白書」を提出して以来、天皇を新しい国家の統治者と

して「見える化」する政策を主導してきた大久保利通である。大久保は明治九年（一八七六）の巡幸に随行していた。道路補修に巨額の資金を投じたり、行在所のために新築や増築したケースを実際に見聞きしていたのである。巡幸が、こうした民衆の不満を生むとしたら、大久保と政府が天皇の「見える化」のために行った巡幸の効果は阻害されてしまう。大久保は、こうした懸念を抱いて、訓示案を認めたに違いない。

「形容虚飾」を戒める

明治五年（一八七二）の最初の巡幸の際、政府が太政官達などを通じて、天皇一行の奉迎に「平常通り」を求めたことはすでに述べた。しかし、巡幸を受け容れる側の県や町村は、それを額面通りには受け取らなかった。明治九年の巡幸においても、大久保が実際に経験したように、各所で大規模な道路補修が行われ、行在所の新築や増築がみられた。政府は明治一一年の巡幸を前に、大久保の訓示案に応えるかたちで、前二回の巡幸における地方官心得書を増補した（『天皇と華族　日本近代思想大系2』所収）。巡幸の目的を再確認するとともに「形容虚飾」への注意が冒頭に書き込まれたのである。

> 御巡幸ノ儀ハ親《した》シク地方民情ヲ可レ被二知食《しろしめさるべき》一御趣意ニ付、百般ノ事務形容虚飾ニ亘リ、一体ノ聖旨ニ不二乖戻《かいれいせざる》一様厚ク致二注意一、人民ノ困苦迷惑ニ不二相成《あいならざる》一様取計候儀肝要ニ候事

巡幸は天皇自らが地方の民情を知るために行うのであって、形ばかりの虚飾は、この趣旨に反する。十分に注意して、「人民ノ困苦迷惑」にならないようにすることが肝要だというのである。

この「総論」のもと、具体的な項目が続く。道路や橋は止むを得ない場合を除いて新造や修理に及ばない。行在所については各土地によって事情はあろうが、不都合がないことを原則として政府官員と協議する。大臣以下の供奉官員の宿舎は修理するに及ばない。供奉官員の夜具その他はなるべく有り合わせのものを使う。

さらに、学校生徒の奉迎については、特別に細かい指示がある。

奥羽御巡幸以来、各地学校生徒奉送迎ノ儀往々有レ之《これあり》、其為メ衣服ヲ揃《そろ》へ、或《あるい》ハ帽履ヲ新調シ、後日其父兄ノ迷惑ニ帰シ候趣、兼《かね》テ相聞《あいきき》候義モ有レ之、畢竟《ひっきょう》是等ハ虚飾甚《はなはだ》シキモノニ付、仮令《たとい》奉送迎致シ候共、平常所持ノ衣服ヲ用ヒ候様可レ致《いたすべく》……

奉迎の小学生の「衣服の美なる」ことは、岸田吟香の「御巡幸ノ記」も記していたことだった。岸田は「優美の振舞にて感心」し、福島県下の教育が行届いていることを賛美していた。しかし、その際にも記したように、服装は、奉迎のために新調したのである。

次のような総括的な指示もある。

前条大体ノ御趣意ヲ奉体シ、総《すべ》テ虚飾ニ流レズ、無益ノ失費無レ之《これなき》様ニ可レ致《いたすべき》ハ勿論、其レガ

為メ別段民費賦課候様ノ儀有レ之《これあり》候テハ、以《もって》ノ外ノ儀ニ付、厚ク注意、区戸長等へ精々告諭
可ニ致置《いたしおくべき》一事

政府としても従来の巡幸が沿道の民衆の負担増につながっていることを認識していた。「虚飾」に流れず、無駄な失費をしないように、地方の末端行政の担い手である「区戸長」にしっかり告諭しておけというのである。

しかし、巡幸の経路となった地元では、「よそに負けてはいけない」、あるいは「恥をかきたくない」といった外部の視線を強く意識しただろう。他の地域の奉迎の状況を伝える新聞報道は、こうした意識を加速させたはずである。その結果、政府の「虚飾」排除や新たな民費賦課を禁止する方針は、守られない場合が多かった。

巡幸は公事にあらず

明治一一年（一八七八）五月一〇日の『朝野新聞』に巡幸を論じる無署名、無題の論説が載った。この年の北陸・東海道巡幸は五月二三日に布告される。実際の巡幸出発は八月三〇日だった。この論説は、巡幸が正式に発表される前に執筆されたものである。

論説は、『書経』などの中国古典を引きつつ、漢文を交えたもので、難解である。一部原文を引きつつ、論旨を追ってみる。

たしかに中国の神話上の理想の君主とされる堯舜《ぎょうしゅん》、それを受け継いだ中国の古代の皇帝は、民

情を知るために群臣を率いてたびたび諸国を視察した。天子と人民は、父母と赤子の関係であり、「法律制度ヲ設ケテ上下ノ約束」をしたわけではなく、「四海ノ幸福ハ、特ニ君主ノ慈恵心」による。このため人民は天子の巡幸を望む。だが、「立憲政体ヲ成立スル邦国ノ如キハ、已《すで》ニ法律ヲ以テ上下ノ約束ヲ為シ、君主ノ慈恵心ニ因《よ》ツテ救助賑卹《しんじゅつ》ヲ施行」するべきではない（「賑卹」は施し恵むこと）。したがって古代の中国の皇帝のような巡幸は必要ない。

こうした議論は、筆者はこの言葉を使っていないが、つまりは「仁政」の否定である。仁政とは儒教が説く統治のあり方で、徳の深い優れた統治者が民に対して仁愛に満ちた政《まつりごと》を行うことを理想とする。

筆者は立憲国の君主も巡幸することはあるだろうと論を進める。しかし、その巡幸は、仁政が理想とされた時代と違うというのだ。仁政が求められた時代の君主の巡幸は、「宸遊《しんゆう》シテ物華《ぶっか》ヲ玩《もてあそ》ブ為メ」ではなく、時宜に応じた政令を出すためである（「宸遊」は「行幸」、「物華」は「景色」の意味）。一方、今や憲法に沿って人民の求めに応える時代である。その時代に巡幸をするのは――ここで、筆者は、仁政については否定していた表現を使って――「宸遊シテ物華ヲ玩ブ為メ」なのだとする。つまり、君主の個人的な慰みだというわけだ。余暇を過ごす物見遊山ということになろうか。そして、次のように結論する。

蓋《けだ》シ私費ヲ以テシテ公費ヲ以テセズ、私事ヲ以テシテ公事ヲ以テセザル也仁政を否定したうえで、巡幸は公事ではないというのだ。なかなかに手厳しい。自由民権運動の高まりの中、政府が漸次立憲政体樹立の詔を出したのは、明治八年（一八七五）四月である。まだ、実際に「立憲政体」が誕生していたわけではない。むろん、憲法も制定されていない。『朝野新聞』はいかにも民権派新聞らしく、時代を先取りして、巡幸の必要性を否定したのである。

今や、巡幸は必要ない

明治一三年（一八八〇）の巡幸に際しては、『東京横浜毎日新聞』が、「巡幸不要論」の論陣を張った。同紙は、『横浜毎日新聞』が前年一一月に東京に移転し、紙名を改めたもので、立憲改進党系の民権派新聞だった。

この巡幸は三月三〇日に公表された。それを受けて、『東京横浜毎日新聞』は、四月四日、「天子巡行于西」（天子巡行西に于《ゆ》く）と題した論説を掲載した（「巡幸」と「巡行」はどちらも使われていた。この論説では「巡行」である）。筆者は書かれていないが、当時、同紙の論説を多く執筆していた肥《こい》塚龍《づかりゅう》（後に、衆議院議員）の可能性が高い。

「巡幸不要論」といっても全面否定というわけではない。論説は、これまで各地に巡幸を重ねてきたことにふれ、次のように記す。

謹《つつし》ンデ惟《おもんみ》ルニ、我聖主明治ノ始メニ即位アラセラレシヨリ、蒼生ノ安危ニ宸慮《しんりょ》ヲ労セラレ、先ニ九州地方ノ御巡行アリ、後ニ奥羽・北陸ノ御巡行アリ。龍駕ノ跡殆ンド全国ニ遍《あまね》シ。我聖天子ノ下民ヲ痛《いた》ハ〔ラ〕セラル、、至レリト云《い》フ可《べ》キナリ

ここで筆者は人民（蒼生）の生活ぶりを慮《おもんぱか》り、下々の民に心を寄せて全国を巡幸した天皇を称えている。「我聖主」や「我聖天子」といった言い方に何やら「慇懃無礼」な感じがしてしまうのは後世の人間の勝手な思いかもしれないのだが、筆者の言いたいことの眼目は、こうした巡幸礼賛にないことは明らかである。まず、巡幸にはそれが必要なときとそうではないときがあると指摘する。

では、どんな場合には、巡幸は必要か。「曰《いわ》ク、文物未《いま》ダ開ケズ、藩弊《はんぺい》未ダ去ラザル時是ナリ」という。「藩弊」は各藩が割拠していた時代の弊害、つまり維新以前の状況を指す。そうした時代は、文明開化も進まなかったから、天皇自ら全国を巡幸する必要があったというわけである。

しかし、「明治近年ノ如キ」は、もうそうした弊害は除かれているではないか、と筆者は述べる。

地方ノ人民開明ノ雨露ニ浴シ、郡県ノ制四方ニ浹洽《しょうこう》シ、通信ノ便皇威ノ流通ヲ賛《たす》ケ、令朝ニ出デ、暮ニ全国ニ達シ、全国ノ人民只《ただ》天子アルコトヲ知ツテ……綽然《しゃくぜん》トシテ余裕アルノ時ナリ。此治世ニ当リ豈《あ》ニ暑熱ノ候ヲモ憚《はば》カラズ、龍駕ヲ煩《わずら》ハセ奉《たてまつ》ルヲ要セン乎《や》

地方の人民まで文明開化の恩恵に浴し、藩が割拠していた時代は終わり、「郡県ノ制」があまね

く広がっている。通信制度が備わり、政府の布令は直ちに全国に達する。全国の人民は天皇が統治していることを知り、余裕を持って日々を送っている――。筆者の時代認識は相当に甘いというか、自分の論理に合わせているのだが、ともかく、こうした時代なのだから、今さら夏の暑い盛りに巡幸する必要はないというわけである。

新聞についてもふれている。「古《いにし》へ人文未《いま》ダ開ケザルトキ」は、君主が自ら出かけていかなければ「下民ノ実状」を知ることができなかったが、今はそうではないとして、新聞に言及する。

> 新聞以テ全国ノ事情ヲ知ルニ足リ、地方ノ有司自由ニ其ノ意見ヲ上奏スルニ足リ、決シテ古ノ鄙野無文《ひやむぶん》ノ時ノ比ニアラズ

新聞が普及して、全国の事情を知ることができ、地方の役人も自由に意見を上奏できる。野蛮で文化がない時代（鄙野無文ノ時）とは比べようがないというのである。「自画自賛」というべきかもしれないが、新聞の普及が、こうした主張の背景にあることもまた間違いない。

国会開設の希望是ナリ

明治一三年（一八八〇）の巡幸は、自由民権運動が広がり、国会開設を求める上書・建言などが続いていた時期だった。四月二二日の『朝野新聞』は、「告㆓御巡幸地方之人民㆒」と題した論説を掲げた。筆者は、草間時福である。民権派新聞らしく、こうした動きをとらえて、次のように主張

した。

本年御巡幸ニ就《つ》キ、其《その》沿道人民ノ最モ虚飾ヲ用ヒズ、形容ヲ造ラズ、民情ノ真面目ヲ呈シ聖旨ニ副《そ》フ所アルヲ期ス可《べ》キ一大事ハ、国会開設ノ希望是レナリ。……御巡幸沿道ノ人民ハ隠ス所ナク、国会開設ノ希望ヲ顕《あらわ》シ、民情ノ在ル所ヲ呈シ、以テ聖旨ニ乖戻《かいれい》セザル皇室ノ忠僕タルヲ期ス可キナリ

ここで「聖旨」とあるのは、直接的には明治八年（一八七五）四月に出された漸次立憲政体樹立の詔を指すのだろう。巡幸に際して、沿道の人民はこの詔にそって、何よりも国会開設の希望を示さなければならないというわけである。

先に見たように、同じ『朝野新聞』は明治一一年五月一〇日の論説で、仁政を否定して、巡幸は公事ではないと論じていた。今回の論説は「聖旨」を掲げつつ、民衆の「国会開設ノ希望」を示す場として、巡幸の意義を認めている。もっとも、「国会開設ノ希望ヲ顕シ」とあるように、民衆の側からの能動的な働きかけを求めている点では、専ら統治者の慈悲心にすがるだけの仁政的な民衆像とは違う。とはいえ、民権派新聞とされる『朝野新聞』においても、巡幸に対する姿勢は必ずしも一貫していなかったのである。しかも同紙は先にふれた野田千秋による随行記「陪駕の記」を六月一九日の「第一報」から七月二五日の「第三十一報」「第三十二報」まで連載していた。

新聞記事の取り消しを求める

こうした新聞論調の動向とも関連して、明治一三年（一八八〇）の巡幸においては、政府の新聞報道に対する姿勢も厳しくなった。この巡幸に際して記事の事前検閲が行われたことは前に述べたが、事前検閲に至った理由は、そこで述べた『いろは新聞』の記事だけではなかったようだ。政府の側からすれば、「問題ある記事」がたびたび新聞に掲載されていたのである。

そうした状況を教えてくれる史料がある（『長野県史』近代史料編二。遠山茂樹編『天皇と華族　日本近代思想大系2』にも「19　巡行報道記事取消方の件」として収録）。「問題ある記事」は、五月二〇日の『東京曙新聞』と同二九日の『大坂新報』に載った。『大坂新報』の記事をみてみよう。当時、民権家の加藤政之助が主幹を務めていた。加藤は後に立憲改進党所属の衆議院議員となる。「今度主上御巡幸ノ砌《みぎり》、御自ラ慰メマツラントテヤ、信州松本駅ヨリ塩尻マデ、五里アマリノ道程ヲ修繕サル、ヨシ」として、それに伴う費用を列挙している。

道路修繕費　一万九千三百七十五円
国旗新製　一万五千八百本　代価千五百八十円
街灯新製　二万八百本　代価二万八千円
紅提灯　五万八百張　代価五千八百円

これを沿道の戸数一万五千五百戸で負担するので、「一戸ニ付三円五十三銭三厘ヅ、至急差出スベシト達セラレタルヨシ」という。記事は、次のように続く。

右ニ付、中ニハ身代限リシテモ三円以上ノ金ハ工面ツカズ、天皇様ヲ拝ムハコヨナキ幸《さいわ》ヒナレド、コレガ為メ、カ、ル金ヲ取ラレテハ誠ニ早《はや》難渋ノ上困窮ヲスルト、不平ヲ鳴《なら》シ居《お》ル小民モ多カリシト、同地ヨリノ報知ナルガ、信説カ否ヤハ保証セズ。果シテ実説ナランカ、記者ハ、カク小民ヲ苦シムルハ主上ノ御聖慮ニ背《そむ》カンコトヲヲソレ奉《たて》マツルノ外ナキナリ

「身代限リ」とは、財産全部を整理して債務返済に充てることである。「信説カ否ヤハ保証セズ」と書いているが、記事は道路修繕費など多額の住民負担を批判する立場を鮮明にしている。

これに先立つ『東京曙新聞』の五月二〇日の記事も同様の内容だった。いずれも虚飾を廃し、「人民の困苦迷惑」にならないようにせよとの方針を打ち出していた政府にとってみれば、まさに「問題ある記事」だった。

この記事については、別の関連史料が『明治十三年公文録　巡幸雑記第十七』に含まれている。宮内省の御巡幸御用掛が、『東京曙新聞』の記事が出た翌々日の五月二二日、記事の内容について長野県令に照会している。県令は東筑摩郡長に現地の北深志町と南深志町の戸長に照会させ、両戸長の上申を得て、郡長から県令への経過報告を得ている（この史料は、前掲『天皇と華族　日本近代思想大系2』所収）。郡長は、当該記事について、「右ハ毫《ごう》モ事実無之儀」として、「直《ただち》ニ東京朝陽社へ取消ノ儀」を申し入れたという。さらに『大坂日報（「新報」の誤り）』の記事についても、「以《もっ》ての

外ノ儀ニ付、是又至速取消方掛合置候」という内容である（「東京朝陽社」は、『東京曙新聞』の発行元）。

一連の史料は、おそらくは事実だったに違いない沿道住民への過大な負担が報じられてしまい、政府（御巡幸御用掛）以下が大慌てで対応している経過を物語るものと言えるだろう。

『明治十三年公文録　巡幸雑記第十七』には別の事例についての史料もある。七月六日の『いろは新聞』に、直訴を企てた「異形ノ人物」が護衛の騎兵に洋刀で打ち据えられて落命したという記事が載った。この記事について、内務省図書局長が「無根ノ風説」として御巡幸掛に処分を申し入れている。こうした「問題ある記事」をチェックすべく、先に記したような事前検閲体制が生まれたのである。

天皇は「神種」か否か

この時期、巡幸をめぐる議論を超えて「天皇のあり方」そのものについての論争が、新聞を舞台にして起きていることにも注目しておくべきだろう。

民権派の『朝野新聞』が明治一四年（一八八一）三月二三日、「帝王ハ神種ナリトノ格言」を否定した論説を掲載した。これに対して、国会開設について漸進論を主張し、政府寄りの姿勢を鮮明にしていた『東京日日新聞』が同月二六日の社説「尊王論」で、これに反論した。筆者は吾曹、福地源一郎である。例によって長文の論説は難解だが、天皇が神種にして神聖なることが我が国の立憲政治を安定させる基礎だと説いた。

これに対して四月二日の『朝野新聞』は、「専断主義ヲ駁《ばく》ス」と題した論説で応じた。天皇が神種であるかどうかを正面から論じてはいないが、政体についての議論は確実堅固な道理と実利によって論じることが必要であり、空虚な格言（ここでは、「天皇は神種にして神聖」という論述を指す）を根拠にするのは専断主義だと批判した。

さらに同じ民権派の『東京横浜毎日新聞』は四月七日、よりストレートに「帝王ハ神種ニアラズ」と題した論説を掲載して、『東京日日新聞』の吾曹社説を批判した。「皇帝神種ノ妄説明ハ開明ノ光輝ニ照サレテ其跡ヲ滅セシタリシ」と、その論調は厳しい。

この論争は、四月八日『朝野新聞』の「再ビ専断主義ヲ論ズ」、四月二一日『東京日日新聞』の「帝王論」、四月二七日『東京横浜毎日新聞』の「帝王非神論」などと続いた。

その第三条で「天皇ハ神聖ニシテ侵スベカラズ」と規定した大日本帝国憲法が公布されたのは明治二二年（一八八九）二月である。その少し前、新聞ではまだ「天皇は神種か否か」について、このような論争が行われていたのである。

統制と自立のはざまで

ここまで、明治五年（一八七二）の最初の西国巡幸時以来、「旅する天皇」を人々に広く伝えるメディアである新聞が登場することによって、「報道される天皇」が誕生した様相を追ってきた。本章で記したように、本格的に生まれてからわずか十年足らずの短い間に新聞は著しい成長を遂げた。ニュースを自立的な立場から世に伝え、さまざまな出来事についても論評を展開した。本章でみたように、その論説的機能は「天皇巡幸」だけでなく、「天皇のあり方」そのものについても発揮された。

もっとも、この後、新聞は自立を貫いたわけではなかった。新聞は強まる国家による統制によって、「自由な言論」とほど遠い世界に追いやられる。天皇との関係では、明治一三年七月、「皇室ニ対スル罪」（不敬罪）を規定した刑法が公布される。

もっとも、ここで、「追いやられる」と書いたけれども、この表現は正しくないかもしれない。新聞は単に権力から統制されるだけの存在ではなく、現実には新聞の側からの権力への擦り寄りもあったし、経営の論理からの「大衆読者」への迎合もあった。いずれにしろ、こうした近代日本を貫く言論史は本書の射程をはるかに超える。次章では、本書の設定した課題に即して、ささやかなまとめを試み、総括としたい。

終章　見える天皇・旅する天皇・報道される天皇

変容する巡幸

明治六大巡幸の後、天皇が地方に足を運ぶ行幸がなくなったわけではない。複数の行幸を重ねる巡幸と呼べるものも少なくない。しかし、それらは明治五年（一八七二）に始まり、明治一八年（一八八五）まで続いた明治六大巡幸とは性格が異なるものだった。この点は先にも少しふれたことだが、改めて明治六大巡幸とその余の行幸・巡幸との違いを明確にしておきたい。

六大巡幸に加えて、明治一〇年一月二四日から七月三〇日まで京都、大阪などへの巡幸、明治二〇年一月二五日から二月二四日まで近畿、東海方面への巡幸を明治六大巡幸と同列に捉える見方があることは、すでに指摘した（原武史、前掲書）。

しかし、明治一〇年の巡幸では、人々に見えるかたちの「旅する天皇」の存在は著しく希薄だった。横浜—神戸間は往復とも海路、神戸—京都間と新橋—横浜間は鉄道を利用した。西南戦争が続いていたため、滞在が半年に及んだ京都では、京都府庁などの官庁、京都裁判所などの裁判所などのほか、学校や産業施設にも行幸したが、多くの寺社に加え、孝明天皇陵、神武天皇陵などへの行幸が目立つ。そこでは小学生らの奉迎はなかったし、「天覧イベント」も行われていない。

明治二〇年の巡幸には、皇后美子《はるこ》（後の昭憲皇太后）が同行したことが特筆される。行幸先は、官庁は京都府庁だけだったが、京都、大阪、名古屋で尋常中学校、第三高等中学校、師範学校など学校に出かけているのは従来の巡幸と同様である。ただ、裁判所、産業施設への訪問がなくなり、大阪鎮台、練兵場、砲兵工廠、名古屋鎮台など軍事施設への行幸が目立つ。やはり人々に見えるかたちの「旅する天皇」の存在は希薄である。

明治二三年（一八九〇）、天皇は約三年ぶりに一ヵ月以上の期間、東京を空け、地方を回った。三月二八日午前七時三十分、御召列車で新橋駅を出発した天皇一行は午後四時五十五分、名古屋駅に到着し、行在所の東本願寺別院に入った。かつての巡幸では、天皇は「燕尾形ホック掛の正服」姿だった。見馴れない「洋装」だったため、当時の人々の強い違和感を招いたことは前にふれた。今回は、天皇は陸海軍を統率する大元帥服を着用していた。行在所となった東本願寺別院は「大本営」となる。

翌二九日、名古屋から愛知県武豊まで鉄道を利用し、武豊から軍艦八重山に乗船した。三〇日は伊勢湾・鳥羽沖で海軍演習を統監する。三一日、四月一日には愛知県乙川（現・半田市）などで陸軍大演習を統監した。この巡幸において、天皇は何よりも陸海軍を統率する大元帥だった。行幸先も、この後、名古屋の第三師団司令部、神戸での海軍観兵式、呉鎮守府、江田島の海軍兵学校、佐世保鎮守府などである。経路は鉄道と海路（軍艦）だった。

演習の統監や海軍施設への行幸のほか、京都で第三高等中学校、大津で滋賀県庁、琵琶湖疏水の竣工現場などを訪れた。これらは明治六大巡幸以来の地方視察と同様の性格のものとは言える。しかし、いずれも、大元帥としての役割を果たす、いわば合間に行われたものだった。地方視察そのものが大きな目的の一つだった六大巡幸と比べると、質的な変容は明らかである。

陸軍特別大演習を統監

明治二四年（一八九一）五月一二日から二二日まで、京都、神戸、静岡に行幸した。複数の場所を回り、十一日間、東京を留守にしたのだから、巡幸と呼んでいい。出発の前日五月一一日、来日中のロシア皇太子ニコライ（後の皇帝ニコライ二世）が滋賀県大津市で警備の警察官に襲われ、重傷を負う事件があった（大津事件）。天皇は急遽、ニコライを見舞うために京都に赴いたのだった。孝明天皇陵などにも拝礼しているが、この行幸の目的は、大国ロシアとの緊張を生じかねない「皇太子襲撃」に対する最大の慰撫として天皇がお見舞いすることだった。

この行幸を例外として、この後、天皇の「遠出」は、ほぼ「軍の統率者」としての役割を果たすものばかりである。以下、『明治天皇行幸年表』から主なものを挙げる。

- 明治二四年一〇月二四〜二六日　近衛師団演習　神奈川県藤沢町（現・藤沢市）
- 明治二五年一〇月二一〜二七日　陸軍特別大演習　栃木県宇都宮市
- 明治二六年一〇月二〇〜二三日　近衛師団演習　群馬県前橋市ほか
- 明治二七年九月一三日〜翌二八年五月三〇日　広島大本営ほか①
- 明治二九年一〇月二〇〜二三日　近衛師団演習　埼玉県幸手町（現・幸手市）ほか
- 明治三一年一一月一三〜二三日　第四師団演習　大阪市ほか
- 明治三二年一一月三〜一八日　近衛師団演習　栃木県栃木市ほか
- 明治三三年四月二六日〜五月三日　海軍特別大演習　名古屋市ほか

・明治三三年一一月一五～一八日　近衛師団小機動演習　茨城県笠間町（現・笠間市）
・明治三四年一一月六～一二日　陸軍特別大演習　宮城県仙台市ほか
・明治三五年一一月七～一九日　陸軍特別大演習　熊本市ほか
・明治三六年四月七日～五月一〇日　内国勧業博覧会開会式　大阪市ほか②
・明治三六年一一月一一～一九日　陸軍特別大演習　兵庫県垂水町（現・神戸市）
・明治三八年一一月一四～一九日　伊勢神宮参拝　三重県宇治山田市（現・伊勢市）③
・明治四〇年一一月一四～二〇日　陸軍特別大演習　茨城県結城町（現・結城市）ほか
・明治四一年一一月九～二〇日　陸軍特別大演習　奈良市ほか
・明治四二年一一月五～一一日　陸軍特別大演習　栃木県宇都宮市ほか

このほかにも、陸軍士官学校、海軍大学校の各卒業式や横須賀海兵団など軍事にかかわるものは多いが、これらは「日帰り」である。①は、この年七月に始まった日清戦争のために広島城内に大本営が設置されたことによる。②は唯一といっていい、軍事とは直接関係ない「遠出」である。大阪市で開催された第五回内国勧業博覧会の開会式に出席し、展示施設を見て回った。③は日露戦争が終わり、「平和克復」を皇祖に御奉答するために行われた。

ここに掲げた一覧から分かるように、明治後半期、とりわけ明治三〇年代以降になると、天皇が東京を出るのはほぼ陸軍特別大演習に限られると言っていい。

鉄道の整備が進んでいたから、天皇は往復には御召列車を利用した。通過する駅では奉迎の人々がいたのだが、それは六大巡幸における「見える天皇」とは違うものだった。田の畔を埋めた民衆は、もういない。政府の側も、そこでは天皇の「見える化」を意図していたわけではない。

むろん、六大巡幸以後の巡幸においても、天皇は多くの場面で、民衆にその存在を露わにした。そこでは、たしかに「(天皇を)視覚的に意識させることを通して、彼らを「臣民」として認識させる戦略がほぼ一貫してとられていた」と言えるだろう(原武史、前掲書)。

だが、多くの場合、天皇は、陸軍特別大演習を統監する大元帥として演習地に向かったのである。御召列車で移動する天皇は、六大巡幸における鳳輦や板輿、あるいは馬に乗って「旅する天皇」ではない。むろん、新聞は陸軍特別大演習を統監する天皇を伝えた。しかし、そこには、「旅する天皇」となった「見える天皇」を詳細な随行記として伝え、「報道される天皇」を誕生させた六大巡幸における天皇と新聞との関係はみられない。

明治六大巡幸の時代は、天皇の歴史にとっても、新聞というメディアの歴史にとっても、一つの特異な時代だった。その「特異」さは、私たちの国の近代の出発に、どのようなかかわりを持ったのだろうか。

「奥羽人民告諭」の天皇像

徳川幕府に代わって明治新政府が誕生する以前、人々にとって「天皇」はどのような存在だったのだろうか。この問題に関連して、明治初年に多くの府県で出された告諭書がしばしば引かれる。

次は、前年九月、会津が落城し、奥羽での戊辰戦争が終わって間もない明治二年(一八六九)二月二〇日に出された「奥羽人民告諭」の冒頭部分である（『天皇と華族　日本近代思想大系2』所収）。

天子様ハ、天照皇大神宮様ノ御子孫様ニテ、此世ノ始《はじめ》ヨリ日本ノ主ニマシマシ、神様ノ御位正一位ナド国々ニアルモ、ミナ天子様ヨリ御ユルシ被レ遊《あそばされ》候ワケニテ、誠ニ神サマヨリ尊ク、一尺ノ地一人ノ民モ、ミナ天子様ノモノニテ、日本国ノ父母ニマシマセバ……

この後、天皇（天子様）は「会津ノ如キ賊魁《ぞくかい》」も許すなど、寛大にして慈悲深い存在であることが強調されている。引用部分では、お伊勢参りを通じて民衆にとってなじみ深い「天照皇大神宮様」や、各地の神社の祭神に「正一位」などの神位がついていることに引き寄せて、天皇の権威を説く。こうした民衆教化のスタイルは　各種の告諭書に共通する。

むろん、明治以前の民衆が「天皇」をまったく知らなかったわけではない。「ミカド」や「天子様」と呼ばれる存在が京都にあって、日本という国にとって特別の存在であることは広く認識されていたはずである。日々の暮らしを営むふつうの人々から尊王論を信奉する草莽の国学者や「志士」たちまで、その認識のレベルはさまざまだっただろう。さらに「ふつうの人々」と言っても、たとえば、辺境に生きる農民と京都を含めて畿内の民衆をひとくくりにすることはできないことも明らかである。

だが、日々の暮らしに直接関係する「権力」ではないものの、江戸に住む将軍やそれぞれの地域の「殿様」（藩主）とは違った次元に、京都におわす天皇（ミカド・天子様）という存在がいるという認識は、多かれ少なかれ、明治以前の民衆にも共有されていたはずだ。

例が、「奥羽人民告諭」は、天皇（天子様）について、「神サマヨリ尊ク」と説いたが、この点では明治以前の民衆の認識においても自明のことだっただろう。そうした認識が突出したかたちで現れた事例が、「御所千度参り」である。

天明の「御所千度参り」

天明七年（一七八七）にあった「御所千度参り」については、藤田覚『幕末の天皇』が同時代の史料に基づき詳述している。以下、同書によって概観する。

始まったのは六月七日だった。その日、御所を囲む築地塀《ついじべい》の周りを廻る人の姿がちらほら見えた。築地塀は一周約十二町、約千三百メートルだった。どこからか一人の老人が来て御所の周りを廻り始めたのが発端だったという。その日のうちは四、五十人だったが、わずか三日後の一〇日には一万人もの老若男女が築地塀を廻り始めた。三万人という記録もあるという。いずれにしろ、爆発的な増え方だった。

人数は日を追って増え続ける。六月一八日の前後四、五日間にはついに一日七万人を超えたという。二八日ごろにはようやく減ってきて、日によって多少の増減はあったものの、次第に収束に向かった。しかし、九月になっても完全には終わらず、相変わらず御所の周りを廻る人の姿が見られたという。

御所を廻る人々は御所南門の前に着くと、いったん止まる。南門は平安時代の内裏で言えば、建礼門に当たる。その真北に相対して正門である承明門、その先に御所の正殿である紫宸殿が位置している。門の柵の外で止まった人々は賽銭を南門正面の敷石に投げ入れ、拝礼した。願い事を書いた色紙で銭を包んで投げ入れる者もいたという。

御所千度参りに集まった民衆は、当初は京都の住民が多かったと思われるが、やがて噂は広がり、大坂など近国からも集まった。個々人がばらばらやって来るのではなく、町内や村を挙げて出かけるケースもあったという。こうした組織的な集団参拝は、伊勢神宮への「おかげまいり」と似たような様相を帯びていたと言えるだろう。

御所の側も千度参りの人々に対して好意的だった。ときの後桜町上皇からは、りんごがふるまわれた。一人に一個ずつ配ったところ、用意した三万個が昼過ぎにはなくなった。赤飯をふるまった公家もいたという。

なぜ、この時期に御所千度参りが起きたのか。天明の飢饉が大きな引き金だった。天明の飢饉は、天明二年（一七八二）から天明八年（一七八八）にかけて起きた。冷害や悪天候が原因で、被害は東北地方が中心だったが、窮民が都市部に流れ込み、米価の高騰などに起因する打ちこわしが頻発し、その影響は全国に及んだ。東北地方の農村を中心に全国で数万人が餓死したとされる。先に記したように、御所千度参りでは、願い事を書いた色紙で銭を包んで投げ入れる者もいた。その願い事には、「米穀不自由につき」「米穀高騰になり……人民いたって困窮難儀に及ぶ」といった文言があったという。

「神だのみ」の対象としての天皇

御所千度参りが爆発的に起きる前、京都の民衆は、米価の引き下げ、飢民の救済などを繰り返し、京都町奉行所に嘆願したという。奉行所への嘆願は、いわばこの時期の正規のルートに基づいたものである。しかし、幕府の諸役所は有効な対策をとらなかった。御所千度参りは、こうした状況を受けて起きた。

本来、民の救済を行うのは、幕府の仕事である。こうした政《まつりごと》が正常に機能しないとき、人々は神仏に頼ることになる。京都の市民にしてみれば、築地塀で囲まれた御所は、内部に入ることはできないとはいえ、日常の空間の一部だった。直接目にすることはなかったとはいえ、その築地塀の向こうにいる高貴な存在を実感していただろう。御所千度参りに集まった人々の感覚は、神社仏閣に参詣して願いごとをするのと同じだった。御所千度参りについて詳しく検討した藤田覚は、次のように総括している(『幕末の天皇』)。

民衆は、飢饉の苦痛からの救済と五穀豊作という現世利益を、神社仏閣に詣《まい》り神仏に祈願するのと同じように、またさまざまな願いごとをかなえてくれる流行神《はやりがみ》に詣《もう》でるのと同じように、天皇に願かけするために御所に参詣し、お賽銭を投じた。天皇を神仏と同列視し、その聖なる天皇の居住する御所に人々は参詣し祈願したのだろう。

天皇を神仏と同じように捉える民衆のふるまいは巡幸の際にも見られた。民俗学者の宮田登の指摘に即して、天皇を生き神と重ねる民衆の心意についてもふれた。その意味では、民衆レベルの天皇認識は、明治以後も明治以前と連続していた面がある。

しかし、こうした民衆の天皇認識と「奥羽人民告諭」など、この時期に出された告諭書が打ち出し、民衆に、いわば注入しようとした天皇像は明らかに異なる。そこには明治以前との間に明らかな断絶があることに注目しなければならない。

統治者としての天皇

もう一度、「奥羽人民告諭」の冒頭の文言を参照しよう。

天子様ハ、天照皇大神宮様ノ御子孫様ニテ、此世ノ始《はじめ》ヨリ日本ノ主ニマシマシ……

この冒頭の、さらに前半部分は、明治初期の民衆が天皇を「天照皇大神宮様ノ御子孫様」と明確に認識していたかどうかはともかくとして、御所千度参りにみられた「神だのみ」の対象としての天皇と重なるだろう。先に、民衆レベルの天皇認識における連続を指摘した点である。

だが、後半部分、「此世ノ始ヨリ日本ノ主ニマシマシ」となると、どうだろうか。さらに、その先、「一尺ノ地一人ノ民モ、ミナ天子様ノモノニテ、日本国ノ父母ニマシマセバ……」となると、「天子様」をありがたい御利益をもたらしてくれる存在と捉えていた民衆の認識との間に断絶があったのではないか。民衆の認識において、天皇はこの日本を支配する「統治者」ではなかったはずだからである。

第一章で、大久保利通の「大坂遷都建白書」を検討した。そこで、大久保が説いたのは、「見えない天皇」から「見える天皇」への転換であり、近代国家の統治者としての天皇を「見える天皇」として、広く人々に知らしめることだった。「奥羽人民告諭」などの告諭書は、明治以前の民衆の天皇認識との連続を打ち出したうえで、それとは断絶する「統治者」としての天皇を民衆に注入することを目的にしていたのである。

これらの告諭書が言葉によって、統治者としての天皇を説くものだったの対して、明治五年（一八七二）から明治一八年（一八八五）まで行われた明治六大巡幸は、統治者としての天皇を具体的に目に見えるかたちにするために、政府が国家を挙げて取り組んだ大プロジェクトだった。

そのプロジェクトにおいては、天皇が「旅する天皇」として「見える天皇」になっただけでなく、「報道される天皇」が誕生した。それを担ったのは、新聞という新しいメディアだった。「報道される天皇」の誕生は、明治以前と明治以降の天皇の存在のあり方の断絶を明確に示すものである。

新聞の中の「天皇」の変遷

明治三年一二月八日（一八七一年一月二八日）、『横浜毎日新聞』が創刊された。現在の新聞とほぼ同じ大きさの用紙で、創刊間もなく日刊となり、鉛活字が使われるようになった。日本における近代的新聞は『横浜毎日新聞』によって始まるとされる。以後、明治七年までに、『新聞雑誌』『東京日日新聞』『日新真事誌』『郵便報知新聞』『公文通誌』（後に『朝野新聞』と改題）など、新聞の創刊ラッシュが続いた。明治七年一一月、全文ルビ付き、独特の話し言葉ふうの文体の『読売新聞』の創刊は、新聞読者の広がりをもたらした意味でも重要だった。

こうした時期を私は新聞創成期と呼んだ。東京だけでなく全国的に多くの新聞が創刊された。その状況の一端は、第二章「新聞創成期」の表3（六十八～六十九ページ）で示した。こうした新聞の創刊ラッシュの背景には、文明開化を進めるための有用な道具として新聞創刊を後押しした政府の姿勢があったことも、そこで指摘した。

とはいえ、「天皇」は新聞にすぐに登場したわけではない。本書では、私が「プレ新聞」と呼んだ、新聞創成期に先立つ『中外新聞』などにもさかのぼり、新聞の中に「天皇」が登場するプロセスを追った。

明治六大巡幸の最初である明治五年（一八七二）の西国巡幸は、海路が中心だった。成熟過程にあった新聞は、まだ沿道の府県への「官」の布達などを広報する段階に留まっていた。この時期の新聞が全体として「官報」としての面を強く持っていたのである。しかし、メディアとして成長していく中で、新聞は「天皇」にかかわる出来事を「ニュース」として伝えるようになっていく。当然、巡幸は読者の関心に応える重要な出来事だった。

明治九年（一八七六）の東北・函館巡幸になると、随行記者による随行記が掲載されるようになった。本書では、岸田吟香の随行記を中心に取り上げた。岸田は、東北・函館巡幸と明治一一年（一八七八）の北陸・東海道巡幸の二回にわたり、『東京日日新聞』に詳細な「御巡幸の記」（明治九年は「御巡幸ノ記」）を長期連載した。そこでは、「見える天皇」となった「旅する天皇」は「報道される天皇」となって、読者の前に姿を現したのである。

明治九年の巡幸の特徴

明治九年（一八七六）の東北・函館巡幸の最大の特徴について、『太政官期地方巡幸研究便覧』（岩壁義光・広瀬順晧編著）の編者は、次の三点を指摘している。

①奥州街道を日々歩んだ巡幸は、禁裏（京都御所）から離れた天皇を同時代の存在として認識した者の数が、海路が中心だった前回の巡幸とは比較にならないほど増大したこと。天皇の一行を目の当たりにしなかった者にも体験者からの直接的な伝聞が大きく影響したであろう。

②『東京日日新聞』に連載された岸田吟香の巡幸記事などを通じて、読者自らが営む単調な日常生活のなかに非日常的な天皇や巡幸の動きを知ることで、天皇や巡幸のイメージが増幅されデフォルメされて強く印象付けられて記憶されたこと。

③　巡幸終了後に、『東巡録』、近藤芳樹『従駕日記　十符の菅薦』が官版として刊行されるなど、時間や空間を超えて文字により繰り返し繰り返し追体験されたこと。

いずれも的確な指摘である。もっとも、『東巡録』や『従駕日記　十符の菅薦』がそれほど多くの読者を得たとは思えない。『東巡録』は、後に元老院議官などを務め、書道家としても著名な金井之恭《ゆきやす》が執筆した。当時、金井は権少史として巡幸に随行していた。全十巻に及ぶ大分な記録である。『従駕日記　十符の菅薦』は、岸田の「御巡幸ノ記」にもしばしば登場する近藤芳樹の巡幸日記である。歌人・国学者の近藤自身の作品を含めて、随行者の和歌を多く載せている。＊ともに一般読者に向けて書かれたものではない。

＊二つの著作は、『明治文化全集』（第一巻　皇室篇）に収録されている。なお、同書の「解題」によると、官版として刊行されたのは、『従駕日記　十符の菅薦』のみという。『東巡録』は、内閣が準公式記録として残したものと思われる。

岸田吟香随行記の意味

やはり、①と②の指摘が重要であろう。とりわけ、「報道される天皇」を誕生させた随行記は大きな意味を持つ。なかでも、岸田吟香の随行記（「御巡幸ノ記」「御巡幸の記」）が重要である。

岸田随行記は、実に詳細に巡幸の全容を記していた。早朝の出発（多くは午前七時）から書き起こし、行程、御小休所《おこやすみじょ》、行在所の場所（すべて所有者の姓名を挙げている）、繰り返される小学校生徒らの奉迎の様子、各所で「山の如く」押しかけた群集のありさま、巡幸を迎えた人々の「お祭り騒ぎ」、いくつもの「天覧イベント」、難路では鳳輦を降りて馬で進み、ときには歩行もした「主上」のこと、などなど、岸田の筆は倦むことがない。

この巡幸は、まさに「見える天皇」の最初の大々的な〝お披露目〟だった。実際、巡幸の全過程で多くの人々が天皇一行の行列を見たことは、岸田随行記が伝える通りである。だが、それは実のところ、行列を見ただけなのだった。しかも、「近郷近在」から集まったとはいえ、それは巡幸の道筋にあたった地域の話である。

一方、岸田随行記が持つ空間は、巡幸の沿道を超えるものだった。『東京日日新聞』の読者はもとより、活字媒体の利点として、直接の読者以外も記事に接することができた。当時、著作権の概念が確立していなかったから、新聞は他の新聞の記事をそのまま、ないしは要約して掲載することも多かった（末尾にカッコして新聞名を入れるのがふつうだった）。岸田の随行記が、こうした回路でどれくらいの新聞に掲載されたかは分からない（大阪で刊行されていた『浪花新聞』は「御巡幸ノ記」をすべて転載していた）。

いずれにしろ、沿道で巡幸の行列を見た「奉迎者」をはるかに超える数の人々が、新聞を通じて巡幸の全容に接しただろう。彼らは、沿道で行列を見ただけでは決して窺い知ることのできなかった天皇その人の行動を逐一知ることになった。

本書でいくつかの事例にふれた「天覧イベント」にしても、天皇が見る（天覧）ためのイベントとして設定されたには違いないのだが、岸田随行記を通じて、人々は「天覧イベント」を見る天皇を見ることになったはずである。あるいは、田植えや田の草取り、魚取りなどの「天覧イベント」で行われたものは、実は人々の日常の仕事でもある。「天覧イベント」の報道を通じて、人々は天皇に見られる疑似体験をしたとも言える。さらに、報道を通じて、人々は巡幸の奉迎の列に加わっていたり、あるいは「お祭り騒ぎ」の中にいたりする自分を疑似体験することにもなっただろう。

「想像の共同体」としての国民

江戸期、日本の政治システムは相当部分、地方分権的だった。明治維新（明治革命）をなしとげた新政府は、地理的な差異を解消し（廃藩置県）、人々の間にあった身分的差異を撤廃し（四民平等）、地方分権的な政治システムを解体した。現実はともかくとして建て前としては、均質な国民によって作られる国家＝国民国家が目指されたのである。その頂点には新しい統治者としての天皇がいる。

「国民《ネーション》」を「イメージとして心に描かれた想像の政治共同体」と定義したのは、政治学者のベネディクト・アンダーソンである（『増補 想像の共同体――ナショナリズムの起源と流行』）。知ることも会うこともない人々が自らを同じ国民として想像できることによって、国民国家が成立する。国民の新しい成員意識こそナショナリズムである。

こうした意味で、明治新政府が目指した国のかたちは、「想像の共同体」としての国民による国民国家にほかならない。先に、岸田吟香の随行記について、疑似体験と表現した。疑似体験は、その場に自分がいることを思い描くこと、つまりは想像である。

アンダーソンは、ナショナリズムを生み出すことに大きな力を発揮したのは、資本主義の生産システムと印刷・出版というコミュニケーション技術が結びついた出版資本主義だったとする。「出版語が、ラテン語の下位、口語俗語の上位に、交換とコミュニケーションの統一的な場を提供」したのである。

明治の日本の場合、アンダーソンも指摘しているように、各地に方言があったにせよ、書き言葉のレベルではヨーロッパのように新たな出版語を生み出す必要はなかった。だからこそ、活版印刷とそれなりの機構を持った組織によって大量に刊行されることになった新聞・出版物、とりわけ新聞の果たした役割は大きかった。

残念ながら、その影響力を具体的な数値で示すことはできない。当時の新聞の発行部数は、今日のレベルで言えば、「大量」とまでは言えない。だが、この時期、日本の歴史の中で初めて「報道される天皇」を誕生させた新聞は、繰り返して言えば、やはり「想像の共同体」としての国民を生み出すことに大きな力を発揮したのである。

「新聞」と「天皇」と――重層的視点

明治六大巡幸そのものについての研究は多い（末尾の「参考文献一覧」参照）。昭和六三年（一九八八）に刊行した著書（『天皇の肖像』）で、多木浩二は記号論的な観点から、次のように述べている。

巡幸の立案者は、眼に見える世界で示されうる威光の効果を狙ったわけである。具体的な政策として解決すべき問題を天皇と民衆の、視覚的コミュニケーションを通しての心理的関係に置き換えたのである。

従来、六大巡幸について、農民一揆の頻発や自由民権運動の高まりなど不安定な政治情勢と関連させ、「民心の収攬《しゅうらん》」を政治的な狙いとする見方が一般的だった中で、多木の「見えない天皇」から「見える天皇」への転換への着目は新しい視点を提供するものだった。

本書も基本的に多木の視点を受け継いでいる。ただ、多木は「見える天皇」が新聞によって広く伝えられたことや、その意味するものについてはまったくふれていない。本書は最初に提示したように、「旅する天皇」として「見える天皇」になった天皇が、六大巡幸のスタートと同時期に生まれ、その後、成長していった新聞によって「報道される天皇」となっていったことに注目して書かれた。

六大巡幸に関する研究では、これまでも岸田吟香の「御巡幸ノ記」「御巡幸の記」をはじめ、新聞の随行記事はしばしば引かれる。しかし、それらは、いわば素材として言及されるだけであって、「報道される天皇」という視点からではない。

先にも引いた『太政官期地方巡幸研究便覧』（岩壁義光・広瀬順晧編著）で、編者は、岸田吟香の随行記について、「臨場感に溢れ、天皇と庶民との双方に視点を置いた報道」と述べ、「報道が如何なる役割を果たしたのかという視点に立ち、巡幸と天皇制形成の連関性を再検討してみることも必要であろう」と指摘している。

本書は、言うまでもなく、「天皇制の形成」という日本近代史研究における一大テーマに対応するものではない。この編者の課題の提示に直接応えるものでもない。日本近代における新聞の誕生と成長の中に、明治六大巡幸と呼ばれる出来事を関連付けて、多少の考察を行ったに過ぎない。そこで採用したのは、「新聞」と「天皇」とを重ね合わせるという方法である。この方法がどこまで効果的だったかという問題への回答は著者の領分ではない。ただ、著者としては、「新聞」と「天皇」の重層的視点によって、日本近代初発の時期における国民国家の形成になにがしか新しい光を当てることができたと考えている。

戦災地を行く天皇

天皇は現在に至るまで、私たちの国に存在し続けている。一方、新聞というメディアは発展を続け、大量の発行部数を持つ、まさに出版資本主義の担い手となる。明治六大巡幸期に誕生した「報道される天皇」は、いまも人々が天皇に接する主要なかたちである。人々はメディアを通して、その動向をはじめとした「天皇についての知見」を得ている。明治初年の国民国家形成期に誕生した「報道される天皇」は、現在に至るまで連続している。むろん、その内実とそれが意味するものは時代状況に応じて変化してきた。新聞が「報道」の王座にあったメディア状況も大きく変貌した。これらの問題は、本書の射程を大きく超えるが、本書の最後に、その後の「報道される天皇」について、二つのことだけを記しておく。

明治六大巡幸の後、巡幸の目的が変容したことについては先に指摘した。明治二二年（一八八九）に大日本帝国憲法が制定され、天皇は、大日本帝国の統治権の総攬者として、神聖にして侵すべからざる存在となり、陸海軍の統帥者としても規定された。以後、「報道される天皇」は、こうした憲法の規定に沿ったものとなった。

写真6は、昭和二〇年（一九四五）三月一九日の『朝日新聞』の一面トップに掲載されたものである。記事は、題字横に「畏し・天皇陛下　戦災地を御巡幸」という凸版見出し（地紋がついた飾

り見出し）をうたい、本文には、「焦土に立たせ給ひ　御仁慈の大御心　一億滅敵の誓ひ新た」という三本見出しがついている。十万人以上の死者を出した三月一〇日の東京大空襲の「戦災地を御巡幸」したという記事である。末尾に「末常卓郎記者謹記」とある長大な文章は、「一君万乗の大君にして神にしある御身」が「民草憐れと思し召し」と、天皇崇拝と戦意高揚を美辞麗句でうたいあげている。

末常記者は、一般の人々の反応についても同様の美辞を連ねている。「都民は誰一人としてこの日この事あるを知らず、御通過の直前それと知り、身なりを正す暇さへなく背にある物もそのまゝに余りの畏《かしこ》さにその場に居すくみ、深く首を垂れたのである」といった調子である。

写真６　戦災地を巡幸する昭和天皇（昭和20年3月19日『朝日新聞』より）

反復される歴史——戦後巡幸

この記事が載った約五カ月後、日本はポツダム宣言を受諾して敗戦を迎える。しかし、「報道される天皇」は、しばらく同じ調子である。相変わらず「聖上」やら「畏し」といった言葉が使われ、さまざまなかたちで「民草」に対する天皇の「御仁慈」「大御心」が報道されている。ようやく「報道される天皇」に変化が見えてくるのは、翌年一月一日、「現人神《あらひとがみ》」であることを否定した天皇の「人間宣言」があった後である。

戦争中、ひたすら戦意高揚をうたった新聞が天皇報道のスタンスをどのように変化させていったのかは興味深い問題だが、本書の最後に「報道される天皇」について記しておきたいのは、いわゆる「戦後巡幸」とその報道である。

表6　昭和天皇の戦後巡幸

昭和21年（1946）	2.19～20	神奈川
	2.28～3.1	東京
	3.25	群馬
	3.28	埼玉
	6.6～7	千葉
	6.17～18	静岡
	10.21～26	愛知、岐阜
	11.18～19	茨城
昭和22年（1947）	6.4～15	大阪、和歌山、兵庫、京都
	8.5～19	福島、宮城、岩手、青森、秋田、山形
	10.7～15	長野、新潟、山梨
	10.23～11.2	福井、石川、富山
	11.26～12.12	鳥取、島根、山口、広島、岡山
昭和24年（1949）	5.17～6.12	福岡、佐賀、長崎、熊本、鹿児島、宮崎、大分
昭和25年（1950）	3.12～4.1	香川、愛媛、高知、徳島
昭和26年（1951）	11.11～25	京都、滋賀、奈良、三重
昭和29年（1954）	8.6～23	北海道

昭和天皇は、昭和二一年（一九四六）二月一九日、神奈川県川崎市に行幸したのを嚆矢に東京裁判の判決が近づいていた時期をのぞいて、昭和二九年八月までの間に、米軍統治下だった沖縄を除いて、全国四十六都道府県を巡幸した（表6）。この間に、昭和二一年一一月三日、天皇を「日本国民統合の象徴」と定めた日本国憲法が公布され、昭和二六年九月八日、サンフランシスコ講和条約が締結された。各地では公園などに奉迎場が設置され、多くの人々が熱狂的に天皇を迎えた。各新聞はそれほど大きな扱いではないが、明治六大巡幸期の新聞が日々、「旅する天皇」を

克明に伝えたように、巡幸先での天皇と奉迎の人々の様子を報道した。

天皇はむろん戦時中の大元帥の服装ではなく、背広にネクタイ姿でソフト帽をかぶり、奉迎の人々に帽子を振って応えた。そうした天皇の姿を伝える新聞には、もう「聖上」「民草」「畏し」といった言葉は登場しない。温情あふれる天皇が強調された。

たとえば、昭和二二年（一九四七）一二月に広島市を訪問した際の『読売新聞』をみてみよう（一二月八日紙面）。「「よい子におなりなさい」天皇陛下・広島で原爆孤児お慰め」という横見出しが付いた記事が社会面トップに載っている。記事の中央に、天皇に対して頭を下げる坊主頭の少年四人の写真がある。「市外の観光道路で車から降りられた陛下」が待ち受けた「原爆孤児」八十七人を慰めたという内容だ。

見出しとなったのは、次の部分である。

さらに晴着姿で若い寮母に抱かれているホウタイ姿の女の子、原爆の犠牲となった孤児東栄子ちゃん（四つ）にお目を止められた。

頭部から顔面にかけて一面にホウタイした上にそつと手をかけられ、のぞきこまれる様子であったが、やがて〝よい子におなりなさい〟と声を落された。陛下のお言葉に寮母の斎藤幸子さんがまずむせび泣いた。栄子ちゃんも泣きはじめた。陛下はそつと目がしらをお押えになる。

この後、天皇は、後に平和公園になる護国神社跡に設けられた広島市民奉迎場に向かった。『読売新聞』の記事には、集まった市民は五万人とある。この市民奉迎場で撮影された写真がある（写真7）。これは『戦争と庶民　1940－1949　朝日歴史写真ライブラリー』（第4巻）に収録されているものだが、当時の、どの新聞にも掲載されていない。

写真7　広島市民の歓迎に応える天皇

写真の右奥に原爆ドームが映っている。左奥の鳥居は焼失した護国神社のものだろう。当時はまだGHQ（連合国軍最高司令官総司令部）による新聞の事前検閲があったから、原爆ドームが映っていることもあって新聞社側が自主規制したのかもしれない。

天皇はこの奉迎場で異例の長い「お言葉」を述べた。『読売新聞』の記事によると、「広島市民の復興の努力のあとをみて満足に思う。皆の受けた災禍は同情にたえないが、この犠牲を無駄にすることなく世界の平和に貢献しなければならない」というものである。会場の市民の反応は、どうだったのか。記事は情緒たっぷりに次のように伝えている。

ふるえがちの陛下のお言葉が場内のマイクを通して流れたとき、市民たちは感激してどよめき立ち、われを忘れて陛下のお姿に向つて押寄せるのであつた。

広島市の市民奉迎場で「熱狂する市民」の写真は掲載されなかったが、写真8は、昭和二五年(一九五〇)三月から四月にかけての四国四県を廻った巡幸の際、『夕刊読売』に載ったものである(三月一九日夕刊)。左上に「天皇四国をゆく」とあるように、この日の『夕刊読売』は写真特集を組んだ。この写真のほか、正座して手を合わせる高齢の女性の姿をとらえたものと、畑の中の道を行く天皇の自動車に向けて日の丸の小旗を振る人々の写真の三枚である。人々が手に手に日の丸の小旗を持ち、天皇に向けて振っている写真8がとりわけ印象的である。撮影地は、香川県長尾村(現・さぬき市)とある。

写真8　日の丸の小旗を振って天皇を歓迎する人々

　二つの写真における人々の奉迎に応える天皇のポーズはまったく同じである。しかし、写真7には日の丸の小旗はまったくないのに対して、写真8では、日の丸の小旗があふれている。GHQによる新聞の検閲は、昭和二三年(一九四八)七月に事前検閲が終わり、翌年一〇月には事後検閲もなくなった。サンフランシスコ講和条約が締結されるのは昭和二六年九月だが、すでに占領終了は秒読み段階に入っていた。占領開始後、日章旗の掲揚は禁止されていたが、昭和二四年一月に規制がなくなった。

戦後巡幸は、「国内安定に資したい」とする昭和天皇と宮中の意向をGHQが受け入れてスタートしたという（古川隆久『昭和天皇』）。昭和天皇に、明治前半期、若くして祖父・明治天皇が行った六大巡幸の歴史に見習う気持ちがあったのかどうかは知るすべはない。だが、戦後巡幸とそれを熱狂的に迎えた人々、そしてそれを報じた新聞に接するとき、既視感を禁じ得ない。反復される歴史というべきか。むろん、同じことの繰り返しではない。最初においては、新しい統治者としての天皇像が、二度目においては、「象徴天皇」としての天皇像が、それぞれ定着する歴史過程の一コマである。

あとがき

ある会合の帰り道、旧知の編集者に、「次は何を書く予定ですか」と尋ねられた。『スキャンダルの明治――国民を創るためのレッスン』（ちくま新書）を出して間もないころだったと思う。この本は一九九七年、まだ新聞社にいるときに出したものだから、二十数年前の話である。

おぼろげな記憶だが、「天皇のメディア史みたいなものを書けないかなと思っている」と答えたことは覚えている。「明治以降、新聞に天皇がどんなふうに登場したのかを調べてみたい」といった説明をしたように思う。その編集者は「おもしろそうですね」と応じてくれたが、会話はそれだけで途切れた。たぶんに儀礼的な問いだったに違いないし、私の方も熟慮して答えたわけではなかった。しかし、「そのうちに、こんなテーマで本を書けたらいいな」といった気持ちがあったことは確かである。

話はさらにさかのぼる。一九六六年に大学の政治学科に入ってすぐ、丸山眞男『現代政治の思想と行動』を手にした（当時、「必読書」のような雰囲気があったような気がする）。上下二冊で刊行されたものを増補版として一冊にまとめ、一九六四年に同じ未来社から刊行されたものである。調べてみたら、私が購入したのは一九六六年七月刊行の第十五刷であった。

高校時代に同じ著者の『日本の思想』（岩波新書）を読んでいたとはいえ、六百ページ近い大冊はなかなかにハードだった。一九四六年五月号の雑誌『世界』に発表され、多くの人がその衝撃を語る著名な論文「超国家主義の論理と心理」はしっかり理解できた気がしなかった。むしろ一九四九年五月号の雑誌『潮流』に掲載された「軍国支配者の精神形態」に感銘を受けた。東京裁判での尋問に対する日本人戦犯の戦争責任否定の供述をニュルンベルグ裁判におけるナチ指導者と比較するなどして、「日本ファシズムの矮小性」を浮き彫りにした論文である。そこで明らかにされた「無責任の体系」はいまなお日本社会の病理を照らし出すキーワードであり続けているだろう。それが「超国家主義の論理と心理」で明らかにされた日本近代における天皇制なるものの特質と深くかかわることは言うまでもない。丸山眞男の仕事に触発されて、その後、藤田省三『天皇制国家の支配原理』などの著作を読んだ。私の天皇制なるものへの関心は、このころに芽生えたように思う。

「昔話」は続く。一九七〇年代、福岡の葦書房から『暗河《くらごう》』という季刊雑誌が刊行されていた。私は、その一九七八年秋号に「近代天皇制への視角――『民衆宗教史』の前提として」という拙論を載せてもらった（葦書房と『暗河』については語るべきことが多いのだが、ここはその場ではない）。学生時代に芽生えていた天皇制なるものへの関心は持続していたのである。

『暗河』には、この拙論以前、一九七六年秋号に「蓮門教――近代民衆宗教史の一断面として」という拙論が載った。蓮門教は北九州・小倉で島村みつなる女性が創唱した宗教で、東京に進出以後、明治中期には全国に教勢を広げ、一時は天理教と併称されるほどだった。しかし、「淫祀邪教」として『萬朝報』などのメディアから攻撃され、急速に衰退し、消滅した。『暗河』一九七八年秋号の拙論は副題にあるように、この蓮門教についての論文との関連で「近代天皇制」を論じたものだった。したがって、「天皇のメディア史」と直接つながるものではない。ただ、日々、新聞社のルーティンワークをこなしつつ、私の中で「天皇制」への問題意識は持続していたことは間違いない。「昔話」が続いてしまったが、つまりは、今回の本は私にとって、年来の問題意識につながるものであるということを記しておきたかったのである。

二〇〇三年に三十三年勤めた新聞社を退職して、大学教師に転じた。二〇一七年三月に、これも退職した。十四年間の大学教師生活だった。大学教師を廃業するとき、「大学教師は辞めますが、まだ研究者を廃業するつもりはありません」と大口（?）を叩いた。その後、二冊の本を刊行することができた。「研究の質」は別にして、ともかくも「有言実行」を守ることができたと思っている。とはいえ、この間の二冊は、いずれもここまで「昔話」を述べてきた天皇制にかかわる問題意識と直接つながるものではない。「持ち時間」を考えると、この年来の問題意識にもケリをつけなければいけないという思いが強くなってきた。

細々と書き続けている日記を見ると、二〇二二年一一月一二日に「〈天皇のメディア史〉の原稿についに着手。といっても試みに〈はじめに〉の原稿を数行書いただけ。どういう導入にするか迷っている」と記している。その後、図書館通いや書きあぐんでいるという記述は何度かある。「新著執筆ようやく完了」の記載は、今年（二〇二三年）七月七日。八カ月かかったことになる。この間、新型コロナ感染や帯状疱疹など、体調を崩すこともあって、何度も作業を中断せざるを得なかった。こうしたことを含めて、本書の執筆はこれまであまり経験しなかった「難航」だった。実際に執筆していた八カ月の前には、塩漬けにされていた年来の問題意識をどう具体的に展開するか、手掛かりをつかむべくあちこち行ったり来たりした。

本書で取り上げた明治六大巡幸に関しては、色川大吉『日本の歴史21　近代国家の出発』にふれておかなければならない。中央公論社から刊行されていたシリーズの一冊で、初版は一九六六年一〇月の刊行。私の手元にあるのは、一九六八年六月の第十三版である。巻末に「自由民権と地方巡幸」と題した図が添付されていた。明治六大巡幸の詳細な順路と各地で生まれた自由民権運動の結社の名前を同じ日本地図の上に示したものである。それは「（明治天皇の巡幸が）客観的には、民権運動とのひとつの政治的な競合を意味するものとなることは否定できない」とする色川の認識を提示するものだった。

色川の認識の当否はともかく、この図によって、私は明治天皇の六大巡幸を具体的に知ったのである。それはまことに「壮大な旅」だった。明治天皇は日本歴史において、はじめて本格的な「旅する天皇」となった人であることをこの地図で実感した。そして、年来の問題意識を具体化する「入り口探し」の中で、この「壮大な旅」を想起した。ここに焦点を合わせることで「天皇のメディア史」の入り口を描くことができるのではないか。ようやくそう思い至ったのである。

今回も国立国会図書館、早稲田大学中央図書館、法政大学図書館を多く利用した。いつも「あとがき」に記していることではあるが、一介の卒業生に開かれている早稲田大学中央図書館はありがたい存在である。法政大学図書館については、退職教員（名誉教授）として、自宅からもデータベースが利用できて助かった。国立国会図書館はインターネットで閲覧できる文献が増えて便利になった。今後も大いに進めてほしい。

「年を取るとは、こういうことか」と実感させられた執筆作業でもあった。生来の「整理下手」もあって、集めたはずの史料が見つからず、結局、再度図書館に出かけたりする始末だった。集中力や注意力も明らかに減退していた。字が小さな明治期の新聞はＰＤＦにして拡大して見たりしていたのだが、読み間違い・読み飛ばしが少なくなかった。この点で、校閲担当の方にはご迷惑をかけた。記して謝意としたい。

「昔話」や「泣き言」ばかりのなさけない「あとがき」になってしまったが、私としては「有言実行」の「公約」を守り続けることができたことに満足している。今回も金澤智之氏に編集を担当していただいた。氏に本を作ってもらうのは、元版を増補したライブラリー版を入れて五冊目である。著者にとって編集者との出会いがいかに大切かを実感する。今回も進行と合わせて適切な対応をしていただいた金澤氏に感謝する。

二〇二三年一二月

奥　武則

参考文献一覧

◇史料・資料

青木虹二編『編年百姓一揆史料集成』第一巻、第三巻　三一書房　一九七九

朝日新聞社『戦争と庶民　1940－1949　朝日歴史写真ライブラリー』第4巻　朝日新聞社　一九九五

岩壁義光・広瀬順晧編著『太政官期地方巡幸研究便覧』柏書房　二〇〇一

太田原在文『十大先覚記者伝』大阪毎日新聞社　一九二六

尾佐竹猛『柳河春三　新聞雑誌の創始者』湖北社　一九八五

我部政男・広瀬順晧・岩壁義光・小坂肇編『太政官期地方巡幸史料集成』第1、第2、第6、第10巻　柏書房　一九九七～一九九八

木戸公伝記編纂所編『木戸孝允文書』第一　日本史籍協会　一九二九

宮内庁編『明治天皇紀』第一～第六　吉川弘文館　一九六八～一九七一

児玉愛二郎「随行私記」『明治文化全集』第一巻　皇室篇　日本評論社　一九二八

佐々木秀一編『御巡幸参拾年紀念号』長野県師範学校内学友会　一九〇七

太政官修史館編、東京帝国大学史料編纂所修補『明治史要』金港堂書籍　一九三三

土屋喬雄他編『杉浦譲全集』第三巻　杉浦譲全集刊行会　一九六八

妻木忠太編『木戸孝允日記』第一　日本史籍協会　一九三二

遠山茂樹編『天皇と華族　日本近代思想大系2』岩波書店　一九八八

『長野県史　近代史料編二』長野県史刊行会　一九八一

『日本軍艦史』（『世界の艦船』増刊第44集）海人社　一九九五

日本史籍協会編『明治天皇行幸年表』東京大学出版会　一九八二

日本史籍協会編『大久保利通文書』第九　東京大学出版会　一九六九
日本史籍協会編『大久保利通日記』上巻　日本史籍協会　一九二七
日本史籍協会編『木戸孝允日記』第一　日本史籍協会　一九三二
ヒコ、ジョセフ（山口修・中川努訳）『アメリカ彦蔵自伝』1、2　平凡社東洋文庫　一九六四
ブラック、J・R（ねず・まさし、小池晴子訳）『ヤング・ジャパン』1～3　平凡社東洋文庫　一九七〇
毎日新聞130年史刊行委員会『「毎日」の3世紀　新聞が見つめた激流130年』上巻、別巻　毎日新聞社　二〇〇二
松本三之介・山室信一編『言論とメディア　日本近代思想大系11』岩波書店　一九九〇
ミットフォード、A・B（長岡祥三訳）『英国外交官の見た幕末維新――リーズデイル卿回想録』講談社学術文庫　一九九八
読売新聞社史編集室編『読売新聞発展史』読売新聞社　一九八七
立教大学文学部史学科日本史研究室編『大久保利通関係文書』第三巻　吉川弘文館　一九六八

◇新聞

①明治文化研究会編『幕末明治新聞全集』第三巻　大誠堂　一九三四
『中外新聞』『中外新聞外篇』
②明治文化研究会編『幕末明治新聞全集』第四巻　大誠堂　一九三五
『江湖新聞』『横浜新報もしほ草』
③北根豊・鈴木雄雅監修『日本初期新聞全集』第44巻　ぺりかん社　一九八六
『公私雑報』『新聞雑誌』『京都新聞』『ナガサキ・エクスプレス The Nagasaki Express』
④各復刻版
『横浜毎日新聞（東京横浜毎日新聞）』不二出版　一九八九～一九九二
『日新真事誌』ぺりかん社　一九九二～一九九九
『朝野新聞』ぺりかん社　一九八一～一九八四

『郵便報知新聞』柏書房　一九八九〜一九九三
⑤法政大学図書館新聞データベース
『東京日日新聞』（毎索）
『朝日新聞』（朝日新聞クロスサーチ）
『読売新聞』（ヨミダス歴史館）

◇著書・論文

飛鳥井雅道『明治大帝』筑摩書房　一九八九
有山輝雄『近代日本メディア史Ⅰ　1868−1918』吉川弘文館　2023
アンダーソン、ベネディクト（白石さや・白石隆訳）『増補 想像の共同体――ナショナリズムの起源と流行』ＮＴＴ出版　一九九七
伊藤之雄『明治天皇』ミネルヴァ書房　二〇〇六
稲田雅洋『自由民権の文化史――新しい政治文化の誕生』筑摩書房　二〇〇〇
今吉賢一郎『毎日新聞の源流――江戸から明治　情報革命を読む』毎日新聞社　一九八八
色川大吉『日本の歴史21　近代国家の出発』中央公論社　一九六六
大島美津子『明治国家と地域社会』岩波書店　一九九四
奥武則『ジョン・レディ・ブラック――近代日本ジャーナリズムの先駆者』岩波書店　二〇一四
奥武則『幕末明治 新聞ことはじめ――ジャーナリズムをつくった人びと』朝日新聞出版　二〇一六
大日方純夫「天皇巡幸をめぐる民衆の動向――一八七八年、新潟県下の場合」『地方史研究』32巻1号　一九八二
河西秀哉編著『戦後史のなかの象徴天皇制――昭和期の天皇行幸の変遷』吉田書店　二〇一三
河西秀哉『近代天皇制から象徴天皇制へ――「象徴」への道程』吉田書店　二〇一八
笠原英彦『明治天皇――苦悩する「理想的君主」』中公新書　二〇〇六
笠原英彦「天皇制国家と六大巡幸の機能――明治初期の地方巡幸を中心に」『法学研究』93巻7号　二〇二〇
川越美穂「明治天皇巡幸と地域社会――民衆統合の観点からみる研究動向と展望」『明治聖徳記念学会紀要』第53号

二〇一六
キーン、ドナルド（角地幸男訳）『明治天皇』上・下　新潮社　二〇〇一
後藤力「岩手県新聞史」日本新聞協会編『地方別日本新聞史』日本新聞協会　一九五六
坂本孝治郎『象徴天皇制へのパフォーマンス』山川出版社　一九八九
桜井幸三「『横浜毎日新聞』は木活字で創刊――横浜の印刷技術史変遷史1」『印刷雑誌』第73号　一九九〇
佐々木克「天皇像の形成過程」『国民文化の形成』筑摩書房　一九八四
佐々木克「明治天皇の巡幸と『臣民』の形成」『思想』第八四五号　一九九四
佐々木克『幕末の天皇・明治の天皇』講談社学術文庫　二〇〇五
佐々木隆『日本の近代14　メディアと権力』中央公論社　一九九九
多木浩二『天皇の肖像』岩波新書　一九八八
竹内好「権力と芸術」『講座　現代芸術』第五巻「権力と芸術」勁草書房　一九五八
田中彰『近代天皇制への道程』吉川弘文館　一九七九
土屋礼子『大衆紙の源流――明治期小新聞の研究』世界思想社　二〇〇二
遠山茂樹「天皇制と天皇」『近代天皇制の成立』岩波書店　一九八七
奈倉哲三『錦絵解析　天皇が東京にやって来た！』東京堂出版　二〇一九
西川誠『天皇の歴史7　明治天皇の大日本帝国』講談社学術文庫　二〇一八
羽賀祥二「天皇と巡幸」『岩波講座　天皇と王権を考える　第10巻　王を巡る視線』岩波書店　二〇〇二
朴三憲「明治5年天皇地方巡幸――廃藩置県後、太政官成立の観点から」『日本史研究』四六五号　二〇〇一
朴晋雨「天皇巡幸からみた天皇崇拝と民衆――福島県郡山地域を中心として」『日本史研究』三〇九号　一九八八
朴晋雨「民権派新聞の天皇巡幸観について」『一橋論叢』110巻2号　一九九三
長谷川栄子『明治六大巡幸――地方の布達と人々の対応』熊本出版文化会館　二〇一二
原武史『可視化された帝国――近代日本の行幸啓［増補版］』みすず書房　二〇一一
原武史『直訴と王権――朝鮮・日本の「一君万民」思想史』朝日新聞社　一九九六
春原昭彦『日本新聞通史　1861年－2000年』新泉社　二〇〇三

藤田覚『幕末の天皇』講談社学術文庫　二〇一三
フジタニ、T（米山リサ訳）『天皇のページェント――近代日本の歴史民族誌から』日本放送出版協会　一九九四
古川隆久『昭和天皇――「理想の君主」の孤独』中公新書　二〇一一
牧原憲夫『客分と国民のあいだ――近代民衆の政治意識』吉川弘文館　一九九八
牧原憲夫「巡幸と祝祭日」『日本の時代史21　明治維新と文明開化』吉川弘文館　二〇〇四
牧原憲夫（藤野裕子・戸邉秀明編）『牧原憲夫著作選集』下巻　有志舎　二〇一九
松下圭一「大衆天皇制論」『中央公論』１０４巻３号　一九五九
右田裕規「戦前期『大衆天皇制』の形成過程――近代天皇制における民間マスメディアの機能の再評価」『ソシオロジ』47巻2号　二〇〇二
宮崎康「明治前期の行幸についての基本的考察」『史報』三号　一九八一
宮田登『生き神信仰――人を神に祀る習俗』塙書房　一九七〇
茂木謙之介『表象天皇制論講義――皇族・地域・メディア』白澤社　二〇一九
森田敏彦「明治天皇の東北巡幸と宮城県」『宮城の研究』第六巻（近代篇）清文堂出版　一九八四
安丸良夫『近代天皇像の形成』岩波書店　一九九二
山口功二「ニュースの発見（2）――『東京日日新聞』と岸田吟香のジャーナリズム」『評論・社会科学』第49号　一九九四
山本武利『近代日本の新聞読者層』法政大学出版局　一九八一
山本武利『新聞記者の誕生――日本のメディアをつくった人びと』新曜社　一九九〇
山本武利『新聞と民衆――日本型新聞の形成過程』紀伊國屋書店　一九九四
山本文雄編著『日本マス・コミュニケーション史』東海大学出版会　一九七〇
吉見俊哉「メディアとしての天皇制」『岩波講座　天皇と王権を考える　第10巻　王を巡る視線』岩波書店　二〇〇二
吉見俊哉「天皇巡幸のイメージ戦略――明治国家形成と祝祭性の構造変容」『imago（イマーゴ）』一巻一号　一九九〇

写真・図版の出典（下段数字は掲載ページ）

☆各新聞の復刻版（「参考文献一覧」参照）

★は、長谷川栄子『明治六大巡幸――地方の布達と人々の対応』収録より作成

ま　行

や　行

ら　行

わ　行

た　行

な　行

は　行

事項索引

人名索引

あ 行

か 行

さ 行

た 行

な 行

奥 武則

1947年、東京生まれ。法政大学名誉教授。70年早稲田大学政治経済学部卒業後、毎日新聞社入社。学芸部長、論説副委員長、特別編集委員などを経て退職。2003〜17年、法政大学社会学部・大学院社会学研究科教授を務める。著書に『蓮門教衰亡史』『文明開化と民衆』『スキャンダルの明治』『大衆新聞と国民国家』『むかし〈都立高校〉があった』『増補 論壇の戦後史』『ジョン・レディ・ブラック』『幕末明治 新聞ことはじめ』『黒岩涙香』などがある。

明治《めいじ》六大《ろくだい》巡幸《じゅんこう》
「報道《ほうどう》される天皇《てんのう》」の誕生《たんじょう》

〈中公選書 145〉

著 者 奥《おく》 武則《たけのり》

2024年 1 月10日 初版発行

発行者 安 部 順 一

発行所 中央公論新社
〒100-8152 東京都千代田区大手町 1-7-1
電話 03-5299-1730（販売）
03-5299-1740（編集）
URL https://www.chuko.co.jp/

D T P 今井明子

印刷・製本 大日本印刷

Published by CHUOKORON-SHINSHA, INC.
Printed in Japan ISBN978-4-12-110146-4 C1321
定価はカバーに表示してあります。

落丁本・乱丁本はお手数ですが小社販売部宛にお送り下さい。
送料小社負担にてお取り替えいたします。

中公選書　好評既刊

102
建国神話の社会史
——史実と虚偽の境界

古川隆久著

天照大神の孫が地上に降りて日本を統治し始めた——。『古事記』『日本書紀』の記述が「歴史的事実」とされた時、普通の人々は科学や民主主義との矛盾をどう乗り越えようとしたのか。

128
分断の克服　1989–1990
統一をめぐる西ドイツ外交の挑戦

板橋拓己著

「ベルリンの壁」は崩れた。だがソ連は統一に反対、英仏が大国ドイツ復活を警戒する中、新生ドイツと新しい国際秩序はいかに創られたか。最新史料を駆使し描く。大佛次郎論壇賞受賞作。

130
矢部貞治
——知識人と政治

井上寿一著

戦争の時代、東大で政治学講座を担い、近衛文麿のブレーンとして現実政治で実践を試みた矢部。敗戦後は、よりよき民主主義を模索。言論を通じ変革を求め続けた。ある政治学者の生涯。

131
日本の保守とリベラル
——思考の座標軸を立て直す

宇野重規著

日本政治の対立軸として語られるようになった「保守」と「リベラル」は、本来対立するものなのか。欧米の政治思想史を参照しつつ、近現代日本にそれぞれの系譜を辿り、読み解く試み。